O poder da vida

© 2018 por Zibia Gasparetto
© iStock.com/Olesyam

Coordenadora editorial: Tânia Lins
Coordenador de comunicação: Marcio Lipari
Capa e projeto gráfico: Jaqueline Kir
Preparação e revisão: Equipe Vida & Consciência

1ª edição — 6ª impressão
7.000 exemplares — outubro 2023
Tiragem total: 37.000 exemplares

CIP-Brasil — Catalogação na Publicação
(Sindicato Nacional dos Editores de Livros, RJ)

G232p

    Gasparetto, Zibia
    O poder da vida / Zibia Gasparetto. - 1. ed. - São Paulo : Vida & Consciência, 2018.
    224 p. ; 21 cm.

    ISBN 978-85-7722-572-9

    1. Espiritismo. 2. Vida espiritual - Miscelânea. 3. Consciência - Miscelânea. I. Título.

18-53423   CDD: 133.9
                                                       CDU: 133.9

Todos os direitos reservados. Nenhuma parte desta edição pode ser utilizada ou reproduzida, por qualquer forma ou meio, seja ele mecânico ou eletrônico, fotocópia, gravação etc., tampouco apropriada ou estocada em sistema de banco de dados, sem a expressa autorização da editora (Lei nº 5.988, de 14/12/1973).

Este livro adota as regras do novo acordo ortográfico (2009).

Vida & Consciência Editora e Distribuidora Ltda.
Rua das Oiticicas, 75 — São Paulo — SP — Brasil
CEP 04346-090
editora@vidaeconsciencia.com.br
www.vidaeconsciencia.com.br

O poder da vida

ZIBIA GASPARETTO

SUMÁRIO

Apresentação	8
1 – Rejeição ao filho. É questão de vidas passadas?	16
2 – Como evitar más premonições	20
3 – Reencarnação entre familiares	24
4 – Quando nada dá certo	28
5 – Os mortos sentem nosso amor	32
6 – Medo de se separar e casar de novo	38
7 – Quando o espírito sai do corpo	42
8 – Sem rumo na vida	46
9 – De que adianta ser bom se tudo dá errado?	50
10 – Amigos imaginários ou espíritos	54
11 – Questões sobre o aborto	60
12 – A força do pensamento para afastar o mal	64
13 – A epilepsia sob o ponto de vista espiritual	68

14 – Tratamento espiritual tem prazo de validade? ... 72
15 – Não existe discriminação no mundo espiritual ... 76
16 – Dificuldade de largar o vício ... 82
17 – O espírito sempre evolui; jamais regride ... 86
18 – Superar os medos ... 90
19 – Fantasmas existem? ... 94
20 – A certeza de que a morte não é o fim ... 98
21 – Entender a sensibilidade para viver melhor ... 104
22 – Enxergar os fatos sem drama ... 108
23 – Não assuma a dor alheia ... 112
24 – Meu pai não me aceita ... 116
25 – Minha vida é um fracasso ... 120
26 – Violência gera violência ... 126
27 – Lidando com a rebeldia da criança ... 130
28 – Onde foi que eu errei? ... 134

29 – A infelicidade bate na sua porta 138
30 – Com os nervos à flor da pele 142
31 – A ajuda não pode ser uma obrigação 148
32 – Desconfio de tudo e de todos 152
33 – Justiça a qualquer preço 156
34 – Aceitar o que não se pode mudar 160
35 – Quero receber mensagens do meu filho
     que morreu 164
36 – Meu mundo desabou 170
37 – A ansiedade só atrapalha e alimenta
     a ilusão 174
38 – Cada um enxerga a vida como quer 178
39 – Os outros não são como você gostaria 182
40 – Todos temos o masculino e o feminino 186
41 – A nossa intuição não falha 192
42 – Mude a postura e sua vida também
     mudará 196
43 – O despertar da mediunidade 200
44 – Traição tem a ver com vidas passadas? 204
45 – A visita da verdade 208

APRESENTAÇÃO

Em 1946, quando eu, aos 20 anos, e Aldo Luiz Gasparetto, aos 24 anos, nos casamos, jamais imaginamos o rumo que nossa vida tomaria.

Ele, representante comercial, e eu, tendo deixado o banco onde trabalhava, unimo-nos por amor. Foi em 1950 que aconteceram os fatos que mudaram nossa vida. Católicos formais, fomos sacudidos pela mediunidade — que despontou em mim com toda a força, obrigando-nos a estudar o assunto — e começamos a frequentar a Federação Espírita do Estado de São Paulo.

Se esse estudo nos revelou a filosofia espírita, a prática da mediunidade nos conduziu à certeza da continuidade da vida, da reencarnação e da interferência dos desencarnados em nosso dia a dia.

Nas sessões da Federação Espírita, eu atuava como médium de incorporação, psicografando e, algumas vezes, utilizando o dom da xenoglossia (faculdade de falar ou escrever línguas que não foram previamente aprendidas). Nessa época, recebia contos, mensagens de orientação e histórias, e, assim, os romances começaram a fluir.

Meu primeiro romance psicografado foi *O amor venceu*, ditado pelo espírito Lucius, que levou cinco anos para ser finalizado. Tão logo terminei de escrever as últimas linhas da obra, entreguei o manuscrito a um dos dirigentes da Federação Espírita para que ele o lesse e avaliasse. O dirigente era um professor de História da Universidade de São Paulo (USP), que gostou do livro, bem como elogiou Lucius pela fidelidade com que narrara a mim fatos ocorridos na época do Egito antigo. Daí em diante, não parei mais de receber histórias ditadas por Lucius, em uma parceria que dura mais de 67 anos.

O convívio com a Federação Espírita se fortaleceu assim que me formei na quarta turma da Escola de Médiuns criada por Edgard Armond, o "Comandante", uma das figuras mais influentes e respeitadas do Espiritismo no Brasil.

Depois de formada, além de frequentar as sessões e dar aulas de evangelização, passei a trabalhar na Casa Transitória, braço social da Federação. Ali, cuidava de gestantes carentes, confeccionando e fornecendo roupinhas para os bebês e alimento para as mães. Dava aulas de evangelho no lar, de higiene, de cuidados básicos com os filhos, com a casa e ensinava às mães um pouco de tricô, crochê e costura, para que pudessem iniciar uma profissão e ter o próprio sustento. Atendi também idosos e doentes em comunidades carentes. Enfim, fui voluntária durante os quase vinte anos em que frequentei a Federação Espírita de São Paulo.

Em 1960, seguindo o ramo do pai, Aldo Luiz fundou a Cortidora Brasitânia, na cidade de Mogi das Cruzes, São Paulo, de onde tirou nosso sustento e dos nossos quatro filhos.

No ano de 1969, depois de uma franca conversa com nosso amigo Chico Xavier e sob a orientação do espírito do doutor Bezerra de Menezes, construímos, às nossas expensas, um galpão nos fundos de nossa casa, no bairro do Ipiranga, e fundamos o Centro de Desenvolvimento Espiritual Os Caminheiros. Todo atendimento realizado lá sempre foi gratuito.

Quando a Brasitânia prosperou, compramos a casa onde resido até hoje e cedemos a residência onde morávamos ao Caminheiros, que crescia e atraía cada vez mais pessoas em busca de auxílio, conforto, mas também interessadas em ampliar a lucidez e educar a mediunidade.

Em 1980, Aldo Luiz regressou à espiritualidade, e nossos filhos Pedro Luiz e Irineu, que trabalhavam com o pai, assumiram a direção da Cortidora Brasitânia. Juntos, criaram a Fundação Aldo Luiz Gasparetto, com a finalidade de profissionalizar meninos carentes. Integrados na vivência espiritual, meus filhos abriram uma filial de Os Caminheiros em Mogi das Cruzes.

Quando fiquei viúva, precisei assumir a direção total de minha vida. O Centro que eu dirigia tomava todo o meu tempo, contudo, os espíritos queriam que eu fundasse uma editora. Hesitei, pois não sabia sequer como se fazia um livro. Tinha quatro livros editados e o hábito de entregar os originais datilografados para ser impressos. Nada mais. Como eles insistiam, em 1982 fundei a Editora Caminheiros.

Meu filho Luiz Antonio Gasparetto, médium desde os treze anos de idade, famoso no mundo inteiro com a pintura mediúnica, formado em Psicologia e com especialização na Inglaterra e nos Estados Unidos, especialmente em Esalem, na Califórnia, havia voltado ao Brasil e, em sua clínica tinha criado um projeto chamado Vida e Consciência, que, devido à grande procura, precisava expandir-se.

Sob a orientação dos guias espirituais, em 1990, eu, Luiz Antonio e minha filha Silvana nos unimos e fundamos o Centro de Estudos Vida e Consciência Editora Ltda. Para esse fim, alugamos um prédio, compramos o estoque da Editora Caminheiros, e o Centro Espírita continuou apenas com o atendimento espiritual.

A nova empresa prosperou e tudo ia bem. Em 1994, os guias espirituais começaram a dizer que precisávamos ter uma gráfica. Confesso que discordei. Luiz Antonio dedicava-se completamente a seus cursos de Metafísica e novamente precisava de um espaço maior. Além disso, pretendia construir um teatro — para dar continuidade à divulgação dos valores espirituais — e não queria envolver-se com uma indústria. Além disso, não tínhamos o capital para montar uma gráfica, uma vez que as máquinas são caras. Porém, a vida tem seus próprios caminhos e, em 1995, surgiu a oportunidade de arrendarmos uma gráfica. Depois de muita negociação, finalmente assinamos o contrato e, por vinte e um anos, imprimimos nossos próprios livros. Atualmente, decidimos manter somente a editora.

Nesse tempo, Luiz Antonio descobriu que o prédio de um antigo cinema no bairro do Ipiranga, o Cine Maracanã, estava disponível para locação. Fechado havia vinte anos, seu último inquilino o utilizara como depósito de produtos químicos. Da alegre sala de espetáculos, cujas matinês aos domingos Luiz Antônio frenquentava, nada restava. Ele, porém, alugou o local para construir seu Espaço e seu teatro. Do velho galpão abandonado ficaram apenas algumas paredes.

Anos depois, em 2001, ele fundou o Espaço da Espiritualidade Independente, onde ministrou cursos e palestras voltadas ao crescimento pessoal e autopromoção do indivíduo, ensinando-o a lidar com as diferentes situações do dia a dia e ter uma vida mais equilibrada e mais feliz. O teatro também foi inaugurado no mesmo local. A sala de espetáculos tem o nome do saudoso Silveira Sampaio que, por meio da minha mediunidade, escreveu quatro livros.

Foram anos de aprendizagem e de esforço. Para atender à empresa e abraçar novos projetos

13

sob a orientação dos amigos espirituais, tivemos de encerrar as atividades do Centro Espírita Os Caminheiros, depois de quarenta e sete anos de trabalhos ininterruptos.

Alguns espíritas não entenderam essa atitude, mas nossos guias espirituais pediram que nos dedicássemos completamente à divulgação dos valores espirituais, colocando nossa editora a serviço da espiritualidade e publicando, além dos meus, livros de desenvolvimento pessoal e metafísica. Os escritores desencarnados iriam cooperar, inspirando outros médiuns e encaminhando-os para que publicássemos suas obras.

É o que estamos fazendo. Com muito sucesso, lançamos novos escritores como Marcelo Cezar, Mônica de Castro e Ana Cristina Vargas, cujas obras figuram entre as mais vendidas no país.

Em 2000, mudamos para um prédio próprio e tentamos melhorar, dia a dia, a qualidade de nossos produtos.

Durante vinte anos, apresentei um programa ao vivo na Rádio Mundial todas as quintas-feiras e um programa pela internet, por meio da Alma e Consciência TV. No momento, estou me dedicando ao projeto criado em parceria com meu saudoso filho Luiz Antonio, A Escola da Vida, cujo material produzido é exclusivamente acessado por plataformas digitais, com o intuito de divulgar a espiritualidade por todos os cantos do mundo.

Esse é o resumo do que tem sido minha vida nesses 92 anos. Sei que todos nós, ao reencarnarmos, trouxemos um projeto de trabalho firmado com os espíritos de luz antes do nosso nascimento. Todos os meus filhos são médiuns, todavia, reconheço que, se estamos conseguindo os resultados esperados, isso se deve, além da persistência, à dedicação ao trabalho, à manutenção em nossas atitudes, à ética e ao respeito aos elevados valores da espiritualidade, sem os quais não teríamos logrado sucesso.

Peço aos guias espirituais que derramem sobre você as bênçãos da lucidez e do amor divino, para que possa encontrar o caminho do verdadeiro sucesso, sem o qual não há realização.

Um abraço,

Zibia Gasparetto[1]

---

[1] A autora Zibia Gasparetto escreveu este texto de apresentação antes de seu falecimento, em 10/10/2018, em decorrência de um câncer no pâncreas.

Ao longo de sua carreira, ela escreveu 58 obras e vendeu mais de 18 milhões de exemplares.

A escritora sempre será lembrada por seu trabalho singular em prol da espiritualidade.

1
REJEIÇÃO AO FILHO.
É QUESTÃO DE VIDAS PASSADAS?

Será que tenho um problema espiritual com meu filho? Ele tem oito anos de idade e, desde que o tive, aos dezessete, culpo-o por tudo que dá errado na minha vida. Sinto que, assim que ele nasceu, tudo para mim parou no tempo, atrapalhando meus planos e acabando com minha juventude. Embora seja um garoto obediente e amoroso, não tenho por ele um amor imenso como a maioria das mães sente. Será que se tiver outro filho poderei melhorar?

Antes de pensar em um problema espiritual, é preciso avaliar as circunstâncias em que você teve esse menino.

Muitas garotas como você se deixam levar pelos arroubos da juventude e esquecem-se de que terão de arcar com os resultados. Você assumiu a criança, mas não aceitou a situação que criou. Está com raiva por ter de dedicar-se ao menino e não poder desfrutar dos divertimentos da juventude como fazia anteriormente.

Seu filho não é responsável pela sua imaturidade. Ser mãe é participar da vida. Ela confiou-lhe esse espírito para que o orientasse até a maioridade, porque sabe que você tem condições de desenvolver as potencialidades que ele trouxe nesta encarnação.

Entrando por esse caminho, você assumiu esse compromisso e terá que responder por ele, queira

17

ou não. Presa em suas ilusões, valorizando mais o que julga ter perdido, não percebendo a realidade, você criou para si mesma essa situação de angústia em que se sente dividida, entre seu amor de mãe e o desfrute pleno da vida social.

Ser jovem, divertir-se, usufruir do prazer de viver essa etapa da vida é muito bom e deve ser aproveitado, mas para quem preservou a própria liberdade, cuidando bem de si.

Você está pagando o preço da sua escolha, ainda que involuntária, tendo de modificar projetos, mudar hábitos, tornar-se responsável por alguém que precisa de seus cuidados para crescer saudável e de bem com a vida.

Pense que esse filho chegou para compartilhar e se você lhe deve cuidados, atenção, ele, por sua vez, vai lhe trazer amadurecimento, afeto; sem pensar no bem que poderá resultar desse relacionamento no futuro.

Um segundo filho não seria a solução. Filho não é remédio e só deverá vir quando o coração e a situação da vida permitirem. O melhor a fazer agora é aceitar a situação, fazendo o melhor que puder para desempenhar bem seus compromissos.

Mesmo supondo que o desentendimento atual com seu filho venha de fatos acontecidos em outras vidas, hoje vocês estão unidos pelos laços da maternidade a fim de que todos os problemas passados sejam sanados.

A dependência, o carinho da criança, o fato de você sentir que como mãe deve amar seu filho a fará se esforçar para jogar fora a rejeição e acabará por fazer desaparecer seu antagonismo.

Estou certa de que dessa forma você vencerá e, por fim, descobrirá em seu coração que o amor de seu filho a tornará uma mulher mais feliz, retomará a juventude que julgava perdida e a alegria de viver.

A verdadeira juventude está em deixar o amor fluir em seu peito, cultivando as coisas boas do presente, aceitando a vida como ela é, tirando proveito de todo o bem que já possui.

Não deixe que pensamentos pessimistas destruam sua paz. A felicidade é uma conquista trabalhosa, mas possível. Só depende de você.

A verdadeira juventude é deixar o amor fluir em seu peito, cultivando as coisas boas do presente, aceitando a vida como ela é, tirando proveito de todo o bem que já possui.

2
COMO EVITAR MÁS PREMONIÇÕES

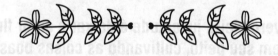

Às vezes, me pego com um aperto no coração, chorando sem saber o porquê. Depois a angústia passa do nada, mas, em seguida, recebo más notícias. Meio que sinto as coisas antes de elas acontecerem, sabe? Em algumas ocasiões, sonho com acidentes, mortes... Em outras, vejo as cenas, acordada mesmo! Até tento fazer aquelas imagens sumirem — é sempre briga, assalto, abismos. Todos esses acontecimentos me deixaram e me deixam muito angustiada, pois não sei como reagir. Por favor, oriente-me!

Dá para notar que você tem uma personalidade ansiosa, dramática e impressionável, o que atrai energias negativas. Seus sintomas refletem uma predileção para enxergar sempre o lado pior, como se você fosse indefesa e vítima de um mal que não consegue evitar e do qual não consegue se defender.

Muitas pessoas agem como você, acreditando que pensando no que é ruim estão se prevenindo, evitando o mal, o que é uma ilusão, uma vez que tudo a que você dá importância acaba por se tornar cada vez mais forte.

Além disso, sua sensibilidade se acentuou e você está tendo premonições [a possibilidade de perceber fatos que vão acontecer] o que pode ser sinal de mediunidade.

A mediunidade se manifesta de acordo com a personalidade de cada um, uma vez que os padrões de pensamentos interferem diretamente nas ligações energéticas que se estabelecem entre as pessoas.

Uma personalidade pessimista fatalmente se ligará a entidades e pessoas afins, atraindo sonhos com acidentes, mortes, brigas etc. A abertura da sensibilidade em uma pessoa que se impressiona com os problemas do mundo, faz com que a prosperidade, a alegria e o prazer afastem-se de sua vida.

Para sair desse estado, será preciso estudar a mediunidade, mas também melhorar o padrão de seus pensamentos, aprendendo a usar sua força interior. Seu espírito é essência divina, dentro de você tem tudo o que precisa para vencer seus desafios.

No entanto, é preciso acreditar que pode. E só vai conseguir se prestar atenção: primeiro em tudo que possui de bom e de que modo, até agora, apesar dos seus medos, tem sido protegida pela vida; segundo: que você não vai resolver os problemas sociais do mundo. Eles existem para amadurecer as pessoas, abrir a criatividade e fazê-las crescer; terceiro: cuidar do seu bem-estar em primeiro lugar. Isso não é egoísmo. Só estando bem é que você poderá atrair um amor verdadeiro, desempenhar com segurança suas tarefas no dia a dia, mantendo um bom relacionamento com sua família, contribuindo para uma vida útil e feliz.

A mediunidade é uma bênção, uma antena a mais, que a fará conhecer muitos mistérios da vida, encontrar respostas para suas indagações íntimas. Olhar todas as coisas sob a óptica da espiritualidade abrirá sua consciência, tornando-a mais lúcida, compreensiva e bondosa.

Apesar de ser capaz de identificar os pontos fracos das pessoas, você não as julga, respeita as diferenças e sabe proteger-se da ignorância alheia, conservando o próprio equilíbrio.

Pense nisso. A personalidade pode ser mudada quando desejar. Reaja. Não se deixe levar pelas energias do pessimismo. Mantenha a serenidade. Se for preciso, não assista a filmes de violência nem veja programas que relatam maldades. Se quer viver bem, tire qualquer pensamento maldoso de sua cabeça.

Não se importe com as recaídas. Persevere. É assim que acontece. Fique firme e reencontre o prazer de viver.

Para sair desse estado, será preciso estudar a mediunidade, mas também melhorar o padrão de seus pensamentos, aprendendo a usar sua força interior.

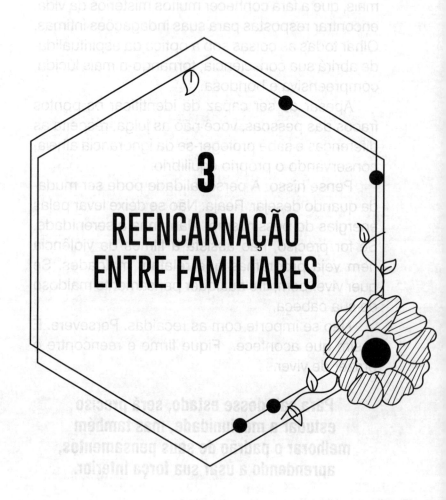

3
REENCARNAÇÃO ENTRE FAMILIARES

Quanto tempo leva para reencarnar quando morremos? Perdi meu pai há alguns anos e tenho certeza de que meu filho, nascido três anos depois de sua morte, é a reencarnação dele. Quando eu estava grávida, sonhava muito com meu pai. Duas semanas antes de fazer um ultrassom para saber o sexo do bebê, meu pai veio em meu sonho e mostrou que eu estava esperando um menino, mostrava ele peladinho, não falava nada, só mostrava. Depois realizei o ultrassom e veio a confirmação: menino. Esse sonho me tocou muito. Após o nascimento do meu filho, não sonhei mais com meu pai.

Depois da morte, o tempo de permanência no astral varia de pessoa para pessoa. Há vários fatores que interferem. A necessidade de recuperação dos problemas que a pessoa levou do mundo, a preparação necessária antes de ela pensar em voltar a viver na Terra etc. O mais comum é demorar bastante tempo. Contudo, é possível voltar depressa em casos especiais, quando tudo concorre para que essa volta seja muito proveitosa para todos os envolvidos.

As reencarnações acontecem de maneira natural, regidas pelas leis da vida com sabedoria e visando ao progresso do espírito. As especiais são programadas pelos espíritos elevados que estudam o caso em profundidade e atuam buscando soluções.

A vontade do desencarnado ou dos familiares, que desejam recebê-lo de volta, não interfere. Quase todas as pessoas gostariam de ter o espírito de seu ente querido de volta, sem saber em que condições emocionais e espirituais ele se encontra.

Retornar sem ter se recuperado emocionalmente das experiências vividas na Terra poderá desequilibrá-lo ainda mais, prejudicando seu progresso, objetivo maior da reencarnação.

As paixões, as mágoas, as frustrações precisam de uma pausa, em que o espírito analisa seus sentimentos, retoma à vida astral, descobre seus pontos fracos e sente que tipo de experiência na Terra lhe será útil para se tornar uma pessoa melhor.

Você viu seu pai apontar para o menino e acredita que é ele quem voltou. Pode ser verdade e durante a vida de seu filho poderá observar traços pessoais que comprovem essa hipótese. Mas também pode ser que ele apenas tenha vindo mostrar que você teria um menino. Nesse caso, ele não reencarnou.

Afinal, que diferença faz? O amor que sente pelo seu filho será o mesmo ainda que ele não seja o espírito de seu pai. As pessoas dão muita importância à volta de um ente querido, mas a vida faz tudo certo e seu filho é exatamente a pessoa que você precisa para contribuir para seu amadurecimento.

São as nossas necessidades de aprender que determinam os laços de união entre os seres. É nessa troca de experiências, enfrentando desafios uns com os outros é que vamos abrindo nossa compreensão, nos tornando mais conscientes.

A vida em família, em que as diferenças de temperamento são uma constante, favorece a aprendizagem de todos. Aprender a aceitar essas diferenças nem sempre é fácil, mas certamente representa uma necessidade se quisermos viver melhor e mais felizes.

Cada espírito que é colocado em nossa família traz seu próprio processo de desenvolvimento e certamente tudo fará para conseguir o que veio buscar. Esse processo poderá levá-lo a um caminho muito diverso daquele que seus pais desejam.

De nada valerá intervir tentando modificar o rumo dessa vida. O melhor caminho será aceitar e procurar auxiliá-lo como puder. Essa atitude madura solidificará os laços de amizade e de amor.

Cada espírito que é colocado em nossa família traz seu próprio processo de desenvolvimento e certamente tudo fará para conseguir o que veio buscar.

4
QUANDO NADA DÁ CERTO

Há três anos minha vida simplesmente desmoronou e até hoje eu não consegui me reerguer. Tudo começou no dia que meu marido foi assassinado. Estávamos casados havia doze anos. Algum tempo depois conheci uma pessoa maravilhosa, ajudou-me a superar a perda, só que seis meses depois ele também foi assassinado. Era uma pessoa de bem e até hoje não entendi a causa de sua morte. Ele morreu e logo em seguida meu pai faleceu. Desde então, não consigo mais me relacionar com ninguém. Tenho medo de perder as pessoas que amo. Será que tenho algum carma? O pior de tudo é que eu pressenti a morte de meu marido e não pude fazer nada para evitá-la. Até hoje não consegui superar essa dor e preciso de orientação. Será que tenho um problema espiritual ou meu destino é ficar só? Estou muito angustiada.

Você nunca se perguntou por que está atraindo esses fatos e o que a vida quer lhe ensinar com eles? É hora de se fazer essas perguntas, porquanto a causa pode estar em você, nas suas crenças e no tipo de pensamentos a que dá importância.

As pessoas dramáticas, que temem todas as tragédias e sempre estão pensando o pior, acabam por atrair aquilo que temem. Será que não foi o que lhe aconteceu?

Não estou dizendo que com o teor de seus pensamentos ocasionou a morte do seu marido, mas que com sua forma de pensar atraiu uma pessoa cujo destino seria esse.

A lei de atração é uma realidade. Você, quando casada, sentia que ia perder o marido. Se depois desse acontecimento você tivesse mudado, procurado ser mais otimista, confiando mais na vida, não teria atraído outra pessoa com possibilidade de sofrer também uma morte violenta. Mas, tendo continuado igual, atraiu a mesma coisa.

Já seu pai morreu de morte natural e embora tenha acontecido em um momento em que você estava arrasada, tinha chegado a hora dele.

O carma também é sujeito aos tipos de crenças que você cultiva, uma vez que ele age sempre no sentido de trazer conhecimentos e nunca como um castigo. Quando você muda suas crenças para melhor, ele se suaviza ou desaparece.

Agora você tem medo de relacionar-se, seu espírito pressente que de alguma forma está provocando essa situação. Culpar-se, afundar na depressão, fechar o coração a novos sentimentos, não é solução. Ao contrário. É preciso reagir e acreditar que você pode dar a volta por cima e acabar com esse sofrimento.

Preste atenção a todos os seus pensamentos, se for preciso, faça uma lista e descubra os seus pontos fracos, negativos. Depois, fique do seu lado, não se critique nem se sinta culpada. Todos nós temos ainda pontos fracos e é melhor aceitar do que ignorá-los.

É bom saber que eles não impedem que você também tenha muitos lados positivos, e é a eles que deverá dar mais importância, enquanto, com paciência, procura aprender a melhorar o que ainda não está bom.

É um trabalho de persistência e de amor para consigo. Jamais fique contra você. Dê força a seu lado melhor, procure ser feliz valorizando o que já tem. Cuide de você, não tenha medo de ficar só. O importante é ficar bem. Quando se sentir alegre, de bem com a vida, achar que não precisa de mais nada, atrairá a pessoa certa, aquela que vai ficar ao seu lado por toda uma vida. Experimente. Valerá a pena!

Quando se sentir alegre, de bem com a vida, achar que não precisa de mais nada, atrairá a pessoa certa, aquela que vai ficar ao seu lado por toda uma vida.

5
OS MORTOS SENTEM NOSSO AMOR

Meu pai faleceu há um ano. Foi tudo muito rápido, não deu tempo de eu me despedir. Ele era descrente de Deus, não ligava para nada, era alcoólatra e vivia reclamando de tudo. Apesar disso, era um bom homem. Sinto muitas saudades dele e choro quase todos os dias. Só me sinto melhor quando rezo e falo para ele tudo aquilo que gostaria de ter dito quando estava vivo. Será que ele pode sentir as vibrações das minhas orações, mesmo tendo sido um homem descrente? Será que onde ele está sente o quanto eu o amo? Desde já agradeço muito.

O fato de morrer não muda a maneira de ser da pessoa. Seu pai era um homem insatisfeito, sem objetivos, não se valorizava e segundo suas palavras, não ligava para nada, entendi que não se importava com a família. Apesar disso, você diz que ele era um homem bom.

No que se baseia para afirmar isso? Quando bebia ele não brigava com a família, ou incomodava os outros? Ou será que você, depois de um ano de sua morte o vê de maneira melhor, esquecida das dificuldades que passaram quando ele estava vivo? Geralmente é o que acontece com a maioria das pessoas.

O alcoolismo é uma doença grave, de difícil recuperação, conviver com alguém assim é difícil, doloroso e traumatiza a família inteira.

Cada um dá o que tem e por mais que você queira melhorar seu conceito sobre ele, para conservar uma lembrança boa, não vai poder mudar aquilo que ele é. Hoje, o mais importante é se perguntar: por que depois de um ano de sua morte você ainda chora quase todos os dias? Será por não o ter tratado melhor enquanto ele estava vivo? Talvez ele, descrente, queixoso, não tenha possibilitado que você sentisse vontade de ser amorosa e de expressar seus sentimentos de filha. Será que o fato de ele não ter sido o pai que você gostaria não a faz imaginar que ele tenha sido melhor do que foi? Isso agora não importa mais, contudo, você ainda não está bem.

Depois da morte, o espírito toma consciência de que a vida é eterna e percebe seus erros. É possível que seu pai esteja triste, arrependido por não ter aproveitado melhor suas experiências na Terra.

É claro que ele sente suas vibrações, seus pensamentos de amor e saudade. O fato de ele ter sido descrente não importa. O corpo astral que ele possui está livre do corpo de carne e muito mais sensível às energias que lhe são dirigidas.

Mas também é verdade que você está com o pensamento ligado a ele e deve estar registrando os sentimentos dele. Será que as lágrimas que você derrama, não serão um reflexo da tristeza dele?

É sempre desgastante a não aceitação e o apego a quem parte, podendo gerar um círculo vicioso, no qual os sentimentos se misturam e tornam difícil o desligamento.

Quem morre precisa seguir seu novo destino. Acontece que alguns se sentem deslocados e desejam permanecer ao lado da família. Unem-se às pessoas que amam prejudicando os que ficaram com energias de medo, de insegurança e de revolta. É claro que isso não faz bem a nenhum dos envolvidos.

O espírito de seu pai pode estar ao seu lado. Ele, seu pai, precisa de amor e de paz. Esqueça os problemas que ele teve em vida. Não temos o direito de julgá-lo. É hora de aceitar que o lugar dele não é mais aqui e deixá-lo ir. Como?

Vá para um lugar sossegado, mentalize a figura de seu pai, envolva-o com seu amor, converse dizendo que ele precisa seguir adiante, despeça-se dele e deixe-o ir. Se estiver difícil, faça uma oração, peça ajuda espiritual. Estou certa de que vai conseguir.

**Esqueça os problemas que ele teve em vida.
Não temos o direito de julgá-lo. É hora
de aceitar que o lugar dele não é mais aqui
e deixá-lo ir.**

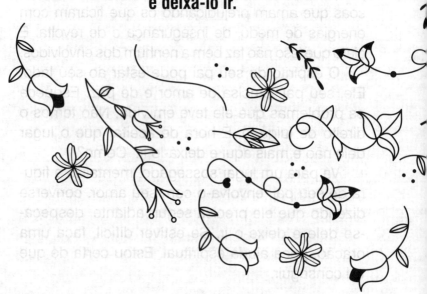

6
MEDO DE SE SEPARAR E CASAR DE NOVO

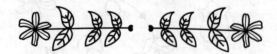

Sou casada há quinze anos. Eu e meu marido passamos quatro anos separados, entretanto, recentemente, resolvemos tentar outra vez. Sabe, eu esperava que algumas atitudes dele, ou melhor, a falta delas, fossem mudar, porém, descobri que continuava tudo igual, que não o amo mais e que quero me separar definitivamente. Nossa filha de quinze anos tem uma cabeça bem aberta e concorda comigo. Para piorar, tem uma pessoa que trabalha comigo e tem mexido muito com a minha cabeça. Ele tem quarenta anos, não tem filhos, é de outra cidade e está aqui apenas a trabalho. Mais de uma vez já me falou que me quer e me admira, entretanto, não quer ficar comigo se eu permanecer casada. Tenho muito medo de encarar essa situação e magoar profundamente meu marido. O que fazer?

    Muitas mulheres, quando se apaixonam, apesar de perceber no comportamento do namorado pontos que as desagradam, continuam com ele, na ilusão de que com o tempo terá condições de fazê-lo mudar. Essa ilusão é a causa de casamentos que começam errado, sem possibilidade de dar certo.

    Cada um é como é, tendo pontos positivos e pontos fracos. Todos os seres humanos, uns mais, outros menos, estão nesse contexto. Mesmo quando não há no casal um grande número de pontos fracos, poderá haver incompatibilidade de temperamentos.

A personalidade é o resultado de conceitos aprendidos e pode ser mudada, mas só quando a própria pessoa quer. Só ela possui esse poder. Já o temperamento é a essência da alma e não muda, só se eleva conforme o progresso da consciência.

O homem tem uma maneira de pensar diferente da mulher. Seu amor é mais sexual e representa para ele apenas um dos lados de sua vida, dando igual importância a outras atividades. Já a mulher quando ama deixa de lado todos seus interesses e só foca no homem, o que a torna um tanto compulsiva e pode, com o tempo, minar o relacionamento.

Cada pessoa tem uma maneira própria de demonstrar afeto e é preciso compreender o que está por trás das atitudes de cada um. O homem é mais prático e acredita ter dado provas suficientes do amor que sente enquanto a mulher exige que ele esteja sempre repetindo o quanto a ama.

Estou dizendo isso para que você reflita bem, procure perceber a verdade analisando e reconhecendo nas atitudes dele e nas suas tanto os pontos positivos como os negativos.

Depois entre em seu coração e sinta quais são seus verdadeiros sentimentos. Será mesmo que o amor acabou? Será que hesita em se separar só para não magoá-lo?

Verifique se você não está transferindo suas ilusões afetivas para esse companheiro de trabalho que a está atraindo. Claro que no jogo da conquista, ele está lhe parecendo mais atraente do que o companheiro do dia a dia, sem novidades. Você se sente desejada, admirada e isso é muito bom. Mas quando a ilusão passar, o que acontecerá?

Quase sempre trocar de parceiro é trocar de problemas. Ele pode não ter os defeitos do anterior, mas certamente terá outros.

Se está indecisa, espere. Não faça nada. Enquanto isso, dê atenção a você, retome os interesses que tinha antes do casamento, cuide de sua aparência, e sobretudo, de seu mundo interior. Acredite que você merece o melhor e que a vida vai lhe dar.

A chave para um relacionamento dar certo é que cada um continue sendo autêntico, sem dependência ou apego, usufruindo do prazer de estar juntos, alimentando os bons momentos. Quando você estiver bem, sem "precisar" ter alguém, vai atrair a pessoa certa, que a fará feliz, seja quem for.

A chave para um relacionamento dar certo é que cada um continue autêntico, sem dependência nem apego, usufruindo o prazer de estarem juntos.

7
QUANDO O ESPÍRITO SAI DO CORPO

O que acontece com nosso espírito quando dormimos? Tenho a nítida sensação de que o meu sai do meu corpo. Sai mesmo?

Durante o sono, enquanto nosso corpo descansa, nosso espírito busca no mundo astral os elementos de vitalização de que necessita para continuar mantendo a saúde e a imunidade natural às doenças.

O sono é um elemento vital para nosso equilíbrio físico e mental. Uma noite mal dormida nos deixa indispostos no dia seguinte. Muitas pessoas têm problemas de insônia, ficam com os pensamentos agitados revirando-se na cama, têm pesadelos, acordam indispostas, irritadas e sem disposição para trabalhar.

Os acontecimentos do sono dependem de como levamos a vida, das nossas crenças, do nosso estado emocional. O sono pode ser reparador, psicológico [revelando coisas que não queremos ver] ou espiritual, quando visitamos o astral e encontramos amigos e parentes desencarnados, participamos de grupos de espíritos que prestam socorro aos necessitados, encarnados ou não.

Conforme nossos pensamentos, atraímos as energias. Por exemplo, uma pessoa impressionável, dramática, que se liga ao noticiário policial, se preocupa com os familiares, com medo de que eles sejam envolvidos pela violência, à noite, poderá perder o sono, ter pesadelos.

Quem é maledicente, se irrita com facilidade, se ofende por qualquer coisa, sente raiva, ao sair do corpo, pode ir agredir a pessoa que julga tê-la ofendido, ou perder o sono, brigando com ela em pensamento.

Pessoas que não controlam os pensamentos, cultivando a queixa, a autoimagem negativa, a depressão, a angústia, o medo, são presas fáceis dos espíritos maldosos desencarnados que os dominam quando saem do corpo, sugerindo ideias perturbadoras, aumentando seus medos, exagerando problemas, atraindo mais energias pesadas que desequilibram o sistema nervoso, aumentando o mal-estar.

Quem é descontrolado no dia a dia também atrai pessoas com energias ruins que lhe criam problemas complicados e estressantes. É a lei da atração.

Já para quem tem mediunidade, se não controlar os pensamentos procurando equilibrá-los, mantendo a confiança na vida, fé na ajuda espiritual, que nunca lhes falta, pode ser até pior.

A mediunidade é uma ferramenta maravilhosa que nos traz conhecimento, paz, alegria, lucidez, se aceitarmos nossos pontos fracos sem culpa, com naturalidade e nos esforçarmos para melhorar.

A ligação com espíritos de luz depende exclusivamente de nós. Eles estão sempre dispostos a nos auxiliar, desde que alcancemos o padrão energético que lhes permita uma ligação conosco. Sem essa condição fica difícil, porque eles nunca forçam nada, apenas esperam que estejamos prontos fazendo a nossa parte.

O seu espírito realmente saiu do corpo. Você chegou a ver seu corpo físico adormecido na cama? Muitos conseguem e não entendem. Outros gostariam de obter esse tipo de experiência e não conseguem.

No astral, há os espíritos amparadores com a função de guiar os encarnados que saem do corpo, cujos estados de lucidez variam de pessoa a pessoa, protegendo-os dos perigos [na crosta terrestre] conduzindo-os ao encontro de parentes ou amigos no astral ou para participar dos grupos de socorro, na mais completa segurança.

Estude o assunto, há bons livros de Wagner Borges, ou procure um grupo de projeciologia, há vários, e aprenda a lidar com essa faculdade que demonstra que seu espírito é eterno e independe do corpo físico.

A ligação com espíritos de luz depende exclusivamente de nós. Eles estão sempre dispostos a nos auxiliar, desde que alcancemos o padrão energético que lhes permita uma ligação conosco.

8
SEM RUMO
NA VIDA

Sou médium e por um tempo desenvolvi meus dons, porém, sofri tanta inveja e tantos contratempos que decidi abandonar a espiritualidade. Desde então, minha vida estagnou. Será que estou pagando pelas minhas escolhas? Pois eu, que tanto batalhei, não obtive frutos, pelo contrário, só dor e mágoa e não sei qual caminho tomar. Ajude-me.

Você é responsável pelas suas escolhas e colhe os resultados. É uma lei da vida a que todos estamos sujeitos.

Se você só colheu dor e mágoa, se batalhou e obteve frutos ruins, é bom analisar suas crenças e atitudes para descobrir quais delas provocaram esse resultado.

Por que você acredita que sofreu inveja? Esse sentimento aparece em quem admira o sucesso do outro e quer a mesma coisa. Que sucessos você conquistou que poderiam provocar essa inveja?

As outras pessoas estão preocupadas demais em resolver os próprios problemas, e não estão o tempo todo observando o que você faz. Não está exagerando?

Os contratempos a que se refere podem ser: desafios que a vida coloca em seu caminho para que você possa desenvolver sua inteligência ou atitudes provocadas por crenças erradas que você cultiva.

Você abandonou a espiritualidade por esse motivo, mas o fato é que você ainda ignora o que ela seja. Aconteceu que você, ao desenvolver a mediunidade, imaginou que a praticando todos os problemas desapareceriam. Essa ilusão custa muito caro.

O fato de dedicar-se ao trabalho mediúnico não significa que estará isenta de fazer a parte que lhe compete para conquistar seu próprio progresso...

Deus nos deu com a vida, leis perfeitas que respondem às escolhas, com o fim de nos esclarecer e nos dar o mérito de desenvolvermos nossos potenciais, abrindo nossa consciência para que mais amadurecidos, nos tornemos aptos a colaborar em favor da vida.

A mediunidade abre as portas para o conhecimento das leis eternas. Seu funcionamento depende do nível das nossas crenças e dos nossos pensamentos. Dar importância aos negativos vai atrair a negatividade, dificultando o processo.

O fato de você dedicar-se à mediunidade prática em benefício dos outros, lhe fará bem só se o fizer com o coração e não por medo ou obrigação, como é o caso dos que acreditam que com isso vão tirar todos os desafios do caminho. Um ato de bondade verdadeira provoca uma sensação agradável e nunca resultará em sofrimento. Além disso, vai lhe trazer muitos amigos, mas é só.

Nenhum deles poderá fazer a parte que lhe compete rumo à conquista de sua evolução. Esse é um trabalho individual e intransferível. Essa experiência é que vai lhe dar nível espiritual, conhecimento e força para gerenciar seu mundo interior, fazendo com que venha a usufruir de um bem-estar permanente, que é o seu desejo, mas que ainda não tem condições de possuir.

Depende só de você obter esse resultado. Claro que levará certo tempo, mas o importante é começar desde já, prestando atenção aos seus pensamentos íntimos. Para facilitar, anote-os separando os negativos dos positivos.

Os negativos, para não lhes dar importância, e assim livrar-se deles substituindo-os por outros melhores; e os positivos para saber quantas coisas boas você já tem e descobrir que você é uma pessoa muito melhor do que imaginava.

Essa descoberta aumentará sua autoconfiança e vai melhorar seu desempenho, atraindo um resultado melhor.

Faça isso e estou certa de que tudo mudará para melhor!

A mediunidade abre as portas para o conhecimento das leis eternas. Seu funcionamento depende do nível das nossas crenças e dos nossos pensamentos. Dar importância aos negativos vai atrair a negatividade, dificultando o processo.

9
DE QUE ADIANTA SER BOM SE TUDO DÁ ERRADO?

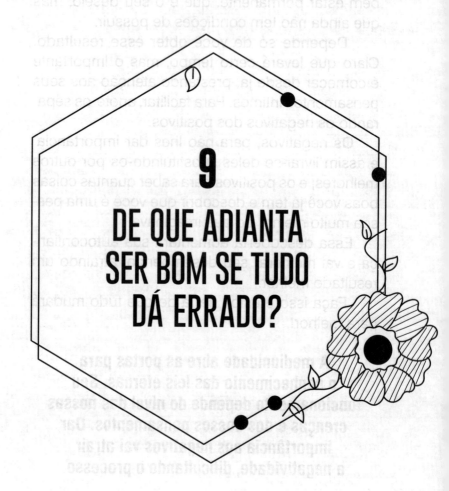

Sou bom e nunca fiz mal a ninguém. Tudo na minha vida dá errado. Não aguento mais sofrer.

Analisando a sua pergunta noto que há uma grande confusão no seu entendimento sobre as leis que regem nossas vidas. As pessoas misturam atitudes que são de exclusiva responsabilidade de cada um, colocando-se como vítimas de um destino cruel, desconhecem como funciona a reencarnação, passando por ela após muitas experiências sem nunca ter procurado estudá-la para dar um passo a frente, sentem medo de enfrentar a morte como uma realidade inexorável, fugindo de estudá-la, acreditando, assim, desviá-la do seu caminho.

Não seria mais fácil e racional questionar e tentar descobrir como a vida funciona? Todos estamos afeitos às leis cósmicas e perfeitas que Deus criou para nos auxiliar na trajetória da evolução. Elas nos dão largo tempo para utilizarmos nosso livre-arbítrio e aprendermos a viver melhor.

A falta de conhecimento da espiritualidade favorece o desequilíbrio criando insegurança e medo.

Está nas mãos de cada um buscar respostas para suas dúvidas, questionando, procurando ler livros de quem descobriu novos caminhos, testando se eles são válidos por meio da própria experiência.

Confrontando os medos na busca daquilo que é, faz com que você se torne forte e tenha uma visão mais real da vida e acabe descobrindo o quanto ela é generosa, sempre favorecendo seu crescimento para que se torne uma pessoa melhor e goze dos benefícios do seu progresso.

Espíritos de luz nos têm dito o quanto lamentam pelas pessoas se manterem ignorantes, alimentando crenças ilusórias, cultivando valores invertidos, pagando alto preço por isso.

Eles anseiam por distribuir fatores de progresso, energias elevadas que, se cultivadas, vão modificar o panorama do mundo. Contudo, só poderão fazer isso quando as pessoas abrem o caminho para eles, se esforçando para conquistar uma vida melhor. Trata-se de afinidade, que é regida pela lei de atração. Semelhante atrai semelhante. Portanto, para poder obter melhoria, você precisa se esforçar para ser uma pessoa melhor.

Como ser uma pessoa melhor? Você vai dizer que é uma boa pessoa, que não prejudica ninguém, está sempre disposta ajudar os outros. Mas como andam seus pensamentos? Você consegue mandar embora o que é negativo e manter-se apenas no positivo?

Para fazer isso é preciso ter noção clara do que é negativo ou positivo. Você acha que sabe?

Quando você se critica por ter errado e se culpa, acha certo? Quando presta ajuda a alguém, se pergunta se está impedindo que a pessoa faça a sua parte? Acha que a vida é ruim quando não faz o que você quer? Que os outros são culpados pelos seus problemas?

Essas são perguntas que você precisa se fazer para identificar o que é negativo ou positivo. Negativo é tudo que leva você para baixo; positivo é tudo que lhe dá bem-estar. Olhar a vida sob a óptica da espiritualidade, amplia nossos horizontes, alimenta nossa alma.

A mediunidade serve de intermediário entre os espíritos dos que já morreram com os que estão aqui. Sua mediunidade será equilibrada se o seu emocional for equilibrado. Caso contrário, sofrerá influências de energias perturbadas.

Reencarnação é um espírito revestir seu corpo astral de um novo corpo de carne e voltar a nascer na Terra para experimentar novas experiências e desenvolver seus potenciais.

Estude a reencarnação, amplie seus horizontes aprendendo sobre a mediunidade. Experimente, observe, sinta, descubra seu mundo interior.

A vida colabora com nosso desenvolvimento, mas exige que façamos a nossa parte.

Você vai dizer que é uma boa pessoa, que não prejudica ninguém, está sempre disposta ajudar os outros. Mas como andam seus pensamentos? Você consegue mandar embora o que é negativo e manter-se apenas no positivo?

10
AMIGOS IMAGINÁRIOS OU ESPÍRITOS

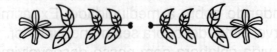

Quando pequeno, meu filho vivia cercado por amigos imaginários. Agora, aos dezoito anos, continua dizendo que vê coisas. Quando acontece uma tragédia, comenta "já sabia". O que me preocupa é ele ser muito depressivo e ter atração pelo mundo dos espíritos. Como devo lidar com essa situação?

Pelo tom da sua pergunta, noto que você não acredita no que ele diz, referindo-se aos amiguinhos de infância dele como imaginários.

Nunca pensou que ele pode estar dizendo a verdade? Que realmente esteja vendo seres de outra dimensão?

Antes de mais nada, é preciso saber se ele é depressivo mesmo ou se você o julga assim só por ver espíritos. Se ele tem vida normal como os jovens da idade dele, sem problemas de comportamento, é claro que não é depressivo.

No entanto, se ele tem comportamento problemático, isolando-se, não participando dos divertimentos saudáveis, ficando triste e desanimado, é preciso procurar ajuda terapêutica, ou espiritual, porque ele pode estar sendo envolvido por espíritos perturbados.

É comum crianças nos primeiros anos de vida manterem contato com espíritos de outras crianças, porque ainda estão muito ligadas ao mundo astral, mas com o tempo, a nova encarnação vai se firmando e isso desaparece.

Entretanto, o do seu filho não desapareceu, ele continua vendo os espíritos e pressentindo certos acontecimentos, o que significa que possui mediunidade.

Talvez você tenha dificuldade de aceitar essa realidade, que considera depressiva, mas eu afirmo, por experiência própria, que os espíritos evoluídos, que estimulam o bem, são seres alegres e entusiastas, cujo contato nos proporciona grande bem-estar, além de nos brindarem com inspirações elevadas, que nos fortalecem e nos fazem enfrentar com mais coragem os desafios do dia a dia.

A melhor maneira de lidar com essa situação é estudar o assunto para entender o que está acontecendo. Há muitos livros escritos por cientistas relatando experiências com a reencarnação e a mediunidade.

Teste as informações, pesquise, porque a verdade é muito forte e aparece a quem procura com seriedade.

Para seu filho, a situação é natural, uma vez que desde criança mantinha ligação com os espíritos. Ele tem essa certeza, o que parece preocupá-la, mas é você que não tem a mesma capacidade.

Seria aconselhável procurar a ajuda de um centro espírita kardecista, onde há cursos sobre mediunidade, para fazer uma avaliação do processo dele.

Eu acredito que ele esteja bem, seja equilibrado e saiba lidar com a própria sensibilidade, mas caso ele esteja sendo envolvido por energias negativas, lá ele encontrará apoio e aprenderá a controlá-las.

Todas as pessoas podem ser influenciadas pelos espíritos, mesmo sem saber. Muitos sintomas de doenças, dores no corpo, enjoo, atordoamento, mal-estar são provocados pela presença de espíritos perturbados, que estão ao redor, e os médicos não conseguem diagnosticar.

Isso acontece por afinidade. Quem não cuida do seu mundo interior, evitando pensamentos negativos, está sujeito a essa interferência. Um médium, que tenha um emocional problemático, atrai espíritos afins e vive passando mal.

Assim, para manter o próprio equilíbrio, conquistar uma vida melhor, é preciso educar seu mundo interior, olhar a vida sob a óptica espiritual, observando a eternidade do espírito. Dessa forma, conquistaremos a paz, a harmonia e a alegria de viver.

Todas as pessoas podem ser influenciadas pelos espíritos, mesmo sem saber. Muitos sintomas de doenças, dores no corpo, enjoo, atordoamento, mal-estar são provocados pela presença de espíritos perturbados, que estão ao redor, e os médicos não conseguem diagnosticar.

11
QUESTÕES SOBRE O ABORTO

Já sofri dois abortos espontâneos. Será que os espíritos desses bebês se foram por não terem escolhido a mim e a meu marido como pais? No momento, estou tentando engravidar de novo. O que posso fazer para controlar a ansiedade e a angústia que sinto?

Fiz um aborto há alguns anos e não consigo mais engravidar. Sei que abortar marca a maioria das mulheres, mas não foi o meu caso. Lido bem com a decisão e apenas rezo, pedindo perdão para o ser abortado, e torcendo para que ele reencarne sem mágoas. A senhora acha que tem alguma coisa a ver?

A reencarnação é um processo natural que sofre a influência de várias circunstâncias que podem interferir nela. Dizem meus amigos espirituais que da parte dos espíritos que vão renascer há mais medo de vir ao mundo do que nós daqui sentimos com relação à morte.

Isso ocorre porque eles sabem que terão de mergulhar no esquecimento do passado, enfrentar os desafios do amadurecimento, rever relacionamentos mal resolvidos, confrontar seus pontos fracos, assumir responsabilidade pelas suas escolhas.

O conhecimento de como será essa nova vida vai depender do nível espiritual de cada um. Os mais atrasados não têm poder de escolha, suas reencarnações são compulsórias e monitorados pelas leis cósmicas. Os outros, conforme seu estágio de evolução, podem programar os pontos principais de sua nova trajetória, escolher entre algumas pessoas que poderão recebê-lo como filho. Entre esses últimos, o medo é maior. Eles sabem que seus pontos fracos serão testados na nova vida e temem fracassar.

Além disso, há casos em que as consequências de situações emocionais vividas em vida anterior lesaram alguma parte do seu corpo astral. É o corpo astral do espírito que vai reencarnar que se une ao óvulo fecundado e programa o corpo de carne. Se ele tiver algum ponto lesado, o problema vai aparecer no novo corpo.

Mesmo assim, se aquele espírito tem merecimento, se une ao óvulo por breve tempo, apenas para reconstituir a lesão do seu corpo astral, uma vez que há uma troca energética entre eles e o corpo de carne absorve a lesão do corpo astral, deixando-o recomposto.

Nesse caso, depois de alguns meses, a mãe aborta espontaneamente. Eles ficam muito gratos aos pais que os ajudaram a recuperar o equilíbrio. Conforme sua necessidade, ele poderá reencarnar ou não novamente, mas desta vez terá um corpo sadio.

Alguns espíritos, por cultivarem durante muito tempo energias depressivas, estão com o corpo astral debilitado, e não conseguem levar a gestação até o final, e há os que na última hora se deixam dominar pelo medo e em ambos os casos acabam provocando o aborto. Muitos conseguem chegar a nascer depois de várias tentativas.

Esse assunto é complexo, mas tentei tecer um retrato das possiblidades para que as duas que fizeram as perguntas, possam entender um pouco mais.

Quem deseja engravidar deve se esforçar para controlar a ansiedade, que pode dificultar o processo. Provocar o aborto e depois pedir perdão ao espírito não funciona, principalmente se ele ficou revoltado por ter sido rejeitado pela mãe.

Em ambos os casos, é bom procurar ajuda espiritual, que pode proporcionar calma e bem-estar, o que certamente facilitará uma gravidez, se ela estiver programada.

Caso contrário, atualmente o progresso da medicina nessa área consegue ajudar. Se não der mesmo assim, é melhor adotar uma criança. Há muitas precisando encontrar a proteção de uma família.

Quem deseja engravidar deve se esforçar para controlar a ansiedade, que pode dificultar o processo. Provocar o aborto e depois pedir perdão ao espírito não funciona, principalmente se ele ficou revoltado por ter sido rejeitado pela mãe.

12
A FORÇA DO PENSAMENTO PARA AFASTAR O MAL

É verdade que com a força do pensamento podemos mudar tudo? Além do próprio pensamento positivo, existe alguma oração poderosa para afastar o mal?

Para que uma mudança ocorra em nossa vida é preciso analisar nosso mundo interior, porque nossas crenças e atitudes geram escolhas que vão determinar os resultados futuros.

Nós somos responsáveis por tudo que acontece em nossa vida. Nossas escolhas visam sempre o nosso bem, mas mesmo assim, muitas vezes, os resultados são ruins. Por quê?

É que em nossa cultura há uma inversão muito grande dos verdadeiros valores da alma, com crenças erradas disseminadas na sociedade e que fazem parte de nossa educação. Nós as aceitamos sem questionar e depois pagamos um preço muito alto quando a verdade nos visita, desfazendo nossas ilusões.

Frases falsas aprendidas no decorrer da vida, ditas por pessoas que amamos ou admiramos, nas quais acreditamos, são a causa dos nossos desacertos.

O pensamento em que acreditamos é forte e atrai os fatos de nossa vida conforme nosso estado de espírito. Se você teme o mal, se deprime, se critica, não confia na vida ou se, ao contrário, é otimista, vai atrair mais desses sentimentos.

Por esse motivo é que para conquistar nossa felicidade vamos ter de gerenciar nosso mundo interior, começando por questionar nossas crenças negativas, procurando conhecer os outros lados que elas têm.

Todas as coisas têm vários lados, depende de como você as olha. Ficar remoendo problemas, pensando que assim estará sendo prudente e evitando-os, é mentira. Ao pensar neles você os está atraindo. A lei da atração é uma realidade.

Para afastar o mal é preciso sair da maldade. Se você reza nessa intenção e não percebe as maldades que ainda comete, tem o hábito de criticar os outros, toma partido nas brigas alheias, julga o comportamento das pessoas, nas discussões quer dar a última palavra, a sua oração não tem nenhum poder e não vai adiantar.

Uma prece é uma ligação de sua alma com Deus e, quando sincera, eleva seu espírito trazendo paz e bem-estar, ligando-a com sentimentos nobres e com a vontade de fazer o bem.

É uma bênção nas atribulações e desafios do dia a dia, mas quanto mais pura e verdadeira, mais benefícios lhe trará. No entanto, será difícil conseguir o contato com os espíritos de luz se você estiver no mal, mesmo que seja para manter o assunto ao participar nas conversas com amigos.

O que torna uma oração poderosa é a sinceridade, a prática do verdadeiro bem, e para isso não será necessário o teor das palavras, mas o sentimento de amor no coração. Essa é a força do seu espírito que moverá as montanhas do mal, que ronda as pessoas neste mundo.

O pensamento positivo só pode mudar sua vida para melhor se você também escolher ser uma pessoa melhor, mais verdadeira, valorizando-se, buscando conhecimento, enriquecendo seu espírito, porque só assim terá condições de desenvolver seus potenciais, cooperar com a vida, participando no desenvolvimento da nossa sociedade, tornando-se útil, auxiliando de maneira adequada e eficiente àqueles que ainda não conseguiram encontrar o próprio caminho.

Se você melhorar, for mais feliz e esclarecida, contribuiu para o mundo tornar-se melhor. Esse é o caminho da evolução a que todos estamos sujeitos. A conquista da felicidade está em suas mãos! Vá em frente!

O pensamento positivo só pode mudar sua vida para melhor se você também escolher ser uma pessoa melhor, mais verdadeira, valorizando-se, buscando conhecimento, enriquecendo seu espírito.

13
A EPILEPSIA SOB O PONTO DE VISTA ESPIRITUAL

Como podemos ajudar quem amamos a enfrentar seu carma com dignidade, alcançando paz e felicidade? Minha filha de quatro anos é epilética, e eu realmente gostaria de ajudá-la a se curar.

Continuar com o tratamento médico é indispensável. Entretanto, é bom também procurar ajuda espiritual em algum lugar que tenha atendimento especializado para crianças, onde ela possa receber energias de harmonização e paz.

Os amigos espirituais dizem que a epilepsia é originada em assuntos mal resolvidos de vidas passadas, quando, por ter se desentendido com alguém de maneira muito forte, foi estabelecida uma ligação de ódio recíproco.

Assim, quando um deles reencarna e, embora esqueça o fato, pode durante o sono recordar-se do inimigo alimentando o desentendimento.

Dessa forma, ambos se agridem em pensamento, recordando cada um a seu modo o fato que deu origem a essa briga. O espírito que permaneceu no astral fica remoendo seu ódio, agride o que está encarnado, e provoca o ataque.

Mentalização de luz em favor do espírito desencarnado, enviando pensamentos de esclarecimento espiritual, tais como paz, perdão, harmonização ajuda e deve ser feita de maneira persistente, não só quando o ataque se manifesta, mas também quando tudo parece estar bem.

Oriente a criança na mesma direção, fazendo-a entender que a raiva é uma força que precisa ser educada e utilizada no sentido de vencer os próprios desafios, transformando os pensamentos depressivos que lhe fazem mal em atitudes otimistas.

O ódio aparece quando a pessoa se julga vítima de injustiça e culpa o outro pela sua desgraça, o que é uma ilusão, porque cada um é responsável por si e sempre colhe o resultado de suas escolhas.

Aprender que não existe vítima senão de si mesmo faz com que a pessoa assuma sua parcela de responsabilidade e, por consequência, entenda o que fez de errado, procurando ser melhor, evitando não cometer o mesmo erro.

Essa compreensão vai mudar completamente seu enfoque afastando-a da vingança, provocando o desejo de não mais atrair o mal em sua vida.

Dessa forma, as maldades do outro passam a ser vistas como um ponto fraco dele, que também terá como resposta o resultado que procurou. Não encontrando nada para perdoar, o sentimento de ódio desaparece, ocasionando a libertação.

O ideal seria que ambos chegassem a esse nível, mas se apenas um deles consegue, estará livre do assédio e o outro, mesmo querendo, não conseguirá atingi-lo. Prosseguirá colhendo o que plantou até que chegue o momento em que esteja maduro para enxergar seus pontos fracos e procurar um caminho melhor.

Esse processo varia de intensidade e depende do nível espiritual de cada espírito envolvido. O tratamento médico aliviando a intensidade do ataque com medicamentos, o apoio da família criando um ambiente harmonioso em casa e a ajuda espiritual persistente contribuem para uma boa chance de se obter a cura do paciente.

Mas é preciso perseverar no bem, mesmo quando parece que a melhora ainda não aconteceu, porquanto o fato do desencarnado perceber que está perdendo espaço pode fazer com que ele intensifique seu ataque, na intenção de que os familiares desanimem e desistam de procurar ajuda espiritual. Ele pode também criar desentendimentos entre as pessoas da casa, criando um ambiente desequilibrado onde ele atue mais à vontade.

Enquanto estivermos ligados ao plano espiritual, estamos sentindo as energias elevadas que beneficiam nossa saúde, nosso emocional e todos os nossos campos de força.

Estou certa de que você vai persistir e conseguir a cura de sua filha.

Para mantermos nossos pensamentos elevados, precisamos aprender a gerenciar nossas ideias, sempre que estamos sentindo algum pensamento negativo, intervir, substituindo-o por outro positivo.

14
TRATAMENTO ESPIRITUAL TEM PRAZO DE VALIDADE?

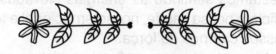

Como saber se um centro espírita trabalha sério? Certa vez ouvi a senhora afirmar que a ajuda obtida em um centro espírita pode ser temporária e que o problema que levou a pessoa lá pode se agravar depois. O que quis dizer exatamente?

Quem se dedica a prestar serviço voluntário em um centro espírita tem boas intenções e pretende auxiliar o próximo. Sendo assim, em princípio, todos que se dedicam a um centro desejam fazer um trabalho sério.

Por outro lado, cada ser humano tem seu próprio jeito de ser e, apesar da boa intenção e da vontade de fazer o bem, carrega seus pontos fracos, sendo que a vaidade costuma aparecer quando, pelas circunstâncias, ele é colocado em uma posição de liderança.

Também, alguns frequentadores, mesmo precisando de ajuda espiritual, ou até por isso mesmo, nem sempre aceitam as regras de disciplina a que terão de se submeter para participar do atendimento, sem paciência para esperar sua vez, implicando com o jeito de ser dos trabalhadores, julgando-se merecedor de atenções especiais, esperando conseguir um "milagre" sem fazer nenhum esforço para controlar seu emocional, sem o qual não obterá o equilíbrio que foi buscar.

Por esse motivo, quando você vai procurar um centro espírita, o mais importante é notar se sente afinidade com aquele grupo. É claro que os espíritos de luz estão lá. Eles sempre comparecem onde há a possibilidade de ajudar as pessoas.

Entretanto, para que possam trabalhar em seu favor, é preciso que encontrem você relaxado, cultivando bons pensamentos, confiante, sem ficar criticando este ou aquele, querendo que sejam do jeito que você gostaria, ou desconfiando dos fenômenos que ocorrem no local.

Se for para sentir-se assim, é melhor não ir e procurar outro ambiente onde se sinta mais confortável. Contudo, para encontrar o lugar ideal, você precisará fazer a sua parte, não se fixando nas falhas das pessoas, elevando seu espírito na busca pela ajuda espiritual.

Há muitos fatores que levam as pessoas para buscar ajuda espiritual nos centros espíritas. Problemas emocionais, perturbação espiritual, processos obsessivos, perda de entes queridos, dificuldades no relacionamento familiar etc.

A maioria coloca sobre os espíritos a responsabilidade de resolver todos os seus problemas. Nessa crença, frequentam as reuniões com assiduidade, esforçam-se por se tornarem mais positivas, o que quase sempre acontece enquanto estão indo ao centro.

Com esse comportamento, sentem-se mais calmas, passam a dormir melhor, recebem energias novas, ficam mais ativas, equilibram o emocional e aos poucos tudo vai ficando melhor.

Julgando-se "curadas". Com o tempo, essas pessoas afastam-se das práticas espirituais, esquecem de ligar-se com os espíritos iluminados e, principalmente, não assumem a responsabilidade sobre a própria vida, distanciando-se do contato com a espiritualidade.

É preciso lembrar que o seu mundo interior, ou seja, o padrão de suas crenças é que rege suas escolhas, determinando os resultados que você colhe. Esse é o fator mais importante e determinante do seu bem-estar, da conquista do equilíbrio emocional sem o qual você estará sempre sujeito ao assédio das energias das pessoas encarnadas ou não, que podem tornar sua vida um inferno.

A melhora que você recebe em um centro espírita será temporária se você não modificar as crenças que deram origem aos seus problemas.

O tratamento espiritual proporciona uma ajuda, transforma as energias ruins que o envolvem em boas e lhe inspira bons pensamentos para que, aliviado, você aproveite o momento favorável, reconheça sua responsabilidade no processo e faça a sua parte.

Reconheça que todo o poder para isso está dentro de você e use-o a seu favor!

É preciso lembrar que o seu mundo interior, ou seja, o padrão de suas crenças é que rege suas escolhas, determinando os resultados que você colhe.

15
NÃO EXISTE DISCRIMINAÇÃO NO MUNDO ESPIRITUAL

Nos romances espíritas todos os personagens são lindos, brancos, de cabelos louros e olhos claros. Por quê? Recuso-me a acreditar em discriminação no plano maior!

Em sua pergunta noto a suspeita de que estejamos sendo racistas, quando os personagens dos livros ditados pelos espíritos são brancos e lindos. De minha parte, devo esclarecer que o espírito Lucius, que tem me ditado os romances, conta histórias verídicas às quais ele presenciou, mas isso não quer dizer que ele menospreze aqueles que, por condições naturais de sua evolução, tenham de renascer na Terra com a pele negra.

Você pergunta porque há uma preferência maior por personagens brancos, lindos e louros. Eu não saberia lhe responder uma vez que, no meu caso, o espírito Lucius vem e dita as histórias. Eu apenas escrevo o que ele diz.

Você está certa ao dizer que no plano maior não há discriminação de forma alguma. Lá, o que contam, são as manifestações da alma que independem da cor da pele.

Essa informação consta em todos os livros que tenho escrito. O que importa é a conquista dos valores espirituais sem os quais ninguém consegue ter paz e viver melhor.

Nas várias encarnações que nosso espírito precisa para amadurecer, todos nós temos realizado experiências em vários países, vestido corpos de várias cores — brancos, amarelos, negros, mestiços. Em todas essas culturas enriquecemos nosso espírito, conquistando a certeza de que o corpo físico é apenas um veículo para interagir no mundo e que nosso espírito é eterno.

A cada dia descobrimos que nossos espíritos são iguais diante das leis cósmicas que regem a vida, diferenciando-se apenas pelo nível de desenvolvimento da consciência que conquistaram.

A igualdade de possibilidades de progresso revela que todos somos iguais para o plano maior, embora a criação tenha diversificado as vocações de cada um, para atender às funções sociais que precisamos desempenhar a fim de cooperar com a vida.

Quando entendemos tudo isso, aceitamos as diferenças, não precisamos de leis humanas discriminatórias, de cotas para minorias porque não haverá mais preconceito.

A sua injusta apreciação dos romances espíritas revela uma falta de conhecimento sobre o assunto. Nossa Editora, Vida e Consciência, editou livros em que os personagens são negros e seria bom se você os lesse.

Desejo recomendar o livro psicografado por Mônica de Castro, *Sentindo na própria pele*, revelando que muitas vezes um espírito que teve um corpo de pele branca e é preconceituoso com outras raças, é forçado a reencarnar exatamente na raça que rejeita.

Há também o livro do escritor Marcelo Cezar, *Tudo tem um porquê*, um belo e esclarecedor romance, onde uma das personagens principais é mestiça e a mentora espiritual é negra.

Há muitas pessoas preocupadas com a cor da pele que se promovem por conta própria a defensoras daqueles que consideram menos favorecidos por serem diferentes. Vigiam as manifestações dos outros tentando combater o preconceito sem perceber que, ao se preocuparem com essas diferenças, estão revelando o próprio preconceito.

Os negros são diferentes apenas na cor da pele. São seres humanos iguais aos demais. Aliás, quem garante que nós já não vestimos algum dia essa cor de pele? Ou que ainda não tenhamos necessidade de dar um mergulho na negritude para aprender um pouco mais?

O importante é compreender que a riqueza da vida é exatamente oferecer aos nossos espíritos a possibilidade de viver outras culturas, outros momentos, novas aventuras onde tenhamos condições de desenvolver nosso potencial imenso, conquistar e construir um mundo melhor.

A igualdade de possibilidades de progresso revela que todos somos iguais para o plano maior, embora a criação tenha diversificado as vocações de cada um, para atender às funções sociais que precisamos desempenhar a fim de cooperar com a vida.

16
DIFICULDADE DE LARGAR O VÍCIO

Quando uma pessoa tem dificuldade de largar vícios, como cigarro e bebidas, é porque com certeza tem um espírito ao lado dela, induzindo-a?

Há vários motivos que levam aos vícios: a insegurança, a vaidade, a ideia de que não se é bom o suficiente etc.

Em todos esses casos, a forma como a pessoa se vê, acaba fazendo uma pressão emocional muito grande e que pode ser aliviada com a ingestão de álcool ou do cigarro ou até de outras drogas.

Para essas pessoas, é um grande alívio relaxar, poder se expressar de maneira mais fácil. O que lhes dá uma agradável sensação de bem-estar.

É bom saber que as pessoas têm dificuldade de deixar os vícios porque gostam deles. Esse é o fator principal.

Uma pessoa insegura não acredita que tenha capacidade; intimamente se coloca no último lugar e se preocupa com seu desempenho. Quando bebe, se droga, perde o controle mental, torna-se ousada; e essa sensação é muito prazerosa de tal sorte que ela deseja cada vez mais se sentir assim.

Quando não confia na própria capacidade, ela se retrai, mas sonha em ser aceita socialmente. Então, finge ser mais do que é, na ilusão de assim conseguir o que deseja. Procura se autoafirmar, se promover, ter um desempenho muito acima de suas possibilidades.

Nessas circunstâncias, vive entre dois extremos. Vai do excesso de euforia à depressão e, nos dois casos, tanto o álcool como a droga, aliviam o desconforto, ajudando-a a esquecer sua dor.

Em todos os casos, o viciado é uma pessoa que vive muito fora da realidade. Não consegue ver suas qualidades, teme perceber seus pontos fracos. Vive na ilusão. Não olha nem vê a vida como ela é.

Na grande maioria, são mimados, pensam que os outros têm obrigação de lhe fazer a vontade e não desejam fazer nenhum esforço para melhorar, de verdade, a própria vida.

Ao nascer, o espírito pode trazer essa personalidade, desenvolvida em anteriores encarnações, com a finalidade de melhorar, mas precisa mudar e fazer a sua parte no processo. Os pais, desde cedo, precisam identificar essas tendências, para poder ajudá-lo. Pais superprotetores, que não estabelecem limites nem disciplina, contribuem para que ele não consiga reagir e vencer.

A superproteção o torna mais dependente do que é e impede que teste a própria capacidade acomodado na certeza de que há pessoas que fazem tudo para ele.

Certamente, fora do lar, os outros não pensam assim e vão cobrar dele um desempenho mais real para o qual não está emocionalmente preparado.

Seja na vida afetiva, na profissional e até na social, em que ele deseja ter sucesso, vai ter de enfrentar a desilusão e a descoberta de seus pontos fracos.

Se, em vez de fugir por meio dos vícios, ele decidir enfrentar a verdade, reconhecer que errou, mas que tem condições de mudar, vai conseguir deixar o vício, reaver a autoestima e tornar-se uma pessoa melhor. O poder da mudança está nele. Só ele tem o poder de fazer isso.

A influência de espíritos viciados ocorre de fato, mas eles não o induziram ao vício, foram atraídos por ele.

Ao se ligarem com o viciado, há uma troca, energética entre ambos, e eles sentem o efeito das drogas, do que se privaram depois da morte. Quando o viciado quer largar o vício, além da ajuda médica, deve buscar ajuda espiritual para afastar esses espíritos e facilitar a recuperação.

Cada um é responsável pelas suas escolhas. Não existe vítima. Mas todos têm o poder de mudar. Basta querer.

O viciado é uma pessoa que vive muito fora da realidade. Não consegue ver suas qualidades, teme perceber seus pontos fracos. Vive na ilusão. Não olha nem vê a vida como ela é.

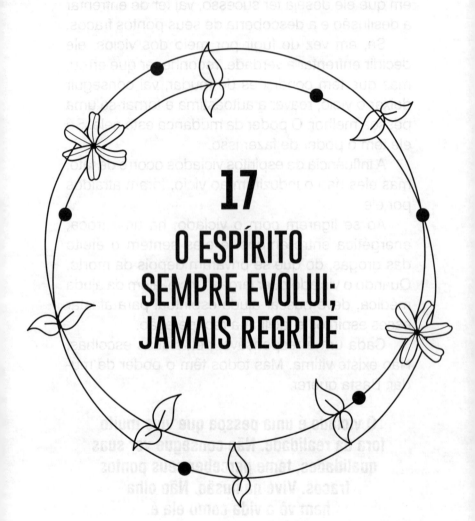

17
O ESPÍRITO SEMPRE EVOLUI; JAMAIS REGRIDE

É possível alguém "involuir" numa encarnação? Tipo... vir para esta vida e cometer tanta besteira, tanta maldade e desencarnar menos evoluído do que na vida anterior?

O espírito não regride. Uma vez conquistado um progresso, aconteça o que acontecer, ele não dá um passo atrás na sua evolução.

A vida na Terra tem por objetivo desenvolver a consciência, melhorar o emocional e o senso de realidade.

Nascer na Terra é deixar o plano astral onde tudo ocorre de maneira mais rápido e passar a viver em um plano mais denso, lento, onde as coisas demoram mais para materializar-se. É como vestir um escafandro e mergulhar nas profundezas do mar.

Essa lentidão favorece a que cada um possa detalhar mais o próprio processo de evolução, aprender com mais facilidade a enxergar os pontos que estão impedindo seu progresso e causando sofrimento.

A vida coloca cada um em situações onde terá oportunidade de rever seus pontos fracos, aproveitar suas qualidades e desenvolver o imenso potencial que é patrimônio do espírito.

Contudo, o indivíduo é testado a todo instante, por desafios, que se enfrentados de maneira adequada, o levarão à conquista do conhecimento que veio buscar.

A vida é generosa, trabalha a favor da evolução do ser e não joga para perder. Quando um desafio aparece é porque a pessoa já possui condições para vencê-lo.

Mas a pessoa terá que conquistar o progresso fazendo a parte que lhe cabe e, para isso, foi lhe dado o livre-arbítrio para escolher, em qualquer situação, o lado que deseja ir. Não escolher também é uma escolha.

O novo corpo na carne barra as lembranças do passado, que ficam no inconsciente, dando uma trégua aos problemas não resolvidos e oferece um cérebro virgem para que os pais e educadores tenham a chance de plantar os valores éticos e espirituais.

Esse prazo termina na adolescência, quando o espírito consolida a reencarnação, assumindo todas as suas características do seu nível de evolução. A partir daí, os bons valores implantados na infância são fundamentais para ajudá-lo a escolher um caminho melhor.

Até os espíritos mais atrasados, ao virem para cá, desejam progredir. Mas ao confrontarem seus pontos fracos, apesar de tudo que foi disposto a seu favor, poderão mergulhar na ilusão e escolher o pior.

Quem escolhe isso, acreditando que a violência resolve, que é mais fácil tirar de quem tem do que conquistar pelo trabalho honesto, não respeita a natureza, a vida, está, sem saber, programando as lições que os resultados de suas atitudes vão atrair.

Muitos voltam ao astral de maneira violenta, carcomidos pelas doenças ou pela violência e por terem escapado da justiça terrestre, outros acreditam que ficarão impunes. É que a vida, sempre amorosa, espera o momento certo para que ele colha as consequências de seus atos e possa aprender com os próprios erros. A desilusão, a dor, o sofrimento sensibilizam, abrem a consciência, aumentam o senso de realidade.

Eles não regrediram, ao contrário, embora tenham escolhido o caminho mais longo para progredir, tudo é progresso e um dia eles desejarão conquistar a paz, o discernimento e o bem, trabalhando duro para conseguir.

A vida é perfeita, as leis cósmicas que Deus estabeleceu são justas, funcionam e nos oferecem tudo para encontrarmos o caminho certo e evoluirmos por meio da inteligência. Compete a nós melhorar nosso mundo interior, fazer o nosso melhor e aproveitar a chance que nos está sendo dada.

Até os espíritos mais atrasados, ao virem para cá, desejam progredir. Mas ao confrontarem seus pontos fracos, apesar de tudo que foi disposto a seu favor, poderão mergulhar na ilusão e escolher o pior.

18
SUPERAR OS MEDOS

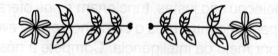

Apesar de ter tirado carteira de motorista, morro de medo de dirigir. Sou tomado por verdadeiro e infundado pânico! Gostaria de saber se os medos inexplicáveis — eu por exemplo, nunca sofri acidente ou algo parecido — costumam ter origem em outras vidas... E mais: quais dicas a senhora me daria para superá-los?

O espírito, ao reencarnar, esquece o passado, mas os fatos que vivenciou ficam armazenados em seu inconsciente. Muitas fobias sem causa atual podem mesmo ter origem em vidas passadas.

Contudo, há outras possibilidades que podem ocorrer quando se tira carteira de motorista. Os muitos acidentes de trânsito que estão todos os dias na mídia, exaustivamente repetidos com detalhes, impressionam os que começam a dirigir e ainda não dominam a máquina, ocasionando muito medo.

A insegurança domina as pessoas e nesse caso é aconselhável, pelo menos nos primeiros tempos, contratar um professor de autoescola para ficar do seu lado, treinar uma hora por dia até conhecer melhor o desempenho do seu carro.

Esse treinamento lhe restituirá a confiança e lhe dará calma suficiente para dirigir sem risco.

Se você tem acompanhado os estudos a respeito da causa maior dos acidentes de carro, sabe que em quase sua totalidade eles acontecem pela imprevidência dos motoristas ou pelo abuso dos que não respeitam as leis do trânsito. Todos os dias observamos pessoas que dirigem sem responsabilidade, colocando em risco não só a própria vida como a dos outros.

Em países onde as pessoas são mais responsáveis, esses acidentes acontecem bem menos.

Seja qual for o seu caso, o mais importante é enfrentar o medo. Fique atento aos pensamentos que costuma ter, e perceba quais são determinantes no seu processo.

Você costuma pensar que vai bater o carro e sofrer um acidente? Chega a se ver estendido na rua, ferido, pedindo socorro ou até morto?

Saia do drama. Pense que está fantasiando e que se continuar pensando assim vai acabar mesmo atraindo o que teme.

Se você se sentir seguro na direção do carro, tendo feito o treinamento extra que sugeri, se respeita as leis de trânsito, é hora de jogar fora todo pensamento ruim e acreditar na sua própria capacidade.

Se apesar de ter feito tudo isso, ainda sentir esse pânico injustificado, você pode procurar ajuda espiritual para descobrir se esse fato tem origem em outra vida.

Seria o caso de procurar ajuda especializada para fazer regressão, ou seja, terapia de vidas passadas. Remexer fatos de outras vidas precisa ser feito por pessoas capacitadas, que desenvolvem o processo sem ocasionar problemas. Na Associação Dos Médicos Espíritas, há profissionais que trabalham nessa área com competência. A hipnose também pode dar resultado, mas também só deve ser utilizada com especialista.

Vá em frente, não desista. Conquiste o prazer de dirigir. Você se sentirá livre, podendo ir e vir com facilidade. Se tornará independente, mais forte e autossuficiente.

O autodomínio proporciona um prazer muito grande. Cada vitória que conquistamos, por pequena que seja, aumenta nosso otimismo, nossa confiança em nossa capacidade, fazendo com que nos tornemos vencedores também em outras áreas da vida.

Não desanime. Persista. Você pode. O poder está em suas mãos. Acredite e jogue fora seus medos, não só de dirigir, mas de enfrentar outros desafios que certamente a vida vai lhe trazer. É assim que você vai aprender.

Essa é a chave que abrirá a porta do seu progresso.

O autodomínio proporciona um prazer muito grande. Cada vitória que conquistamos, por pequena que seja, aumenta nosso otimismo, nossa confiança em nossa capacidade.

19
FANTASMAS EXISTEM?

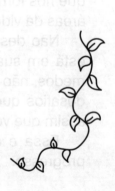

Zibia, os fantasmas existem de verdade ou são pura alucinação?

Se você não acredita, vai ter uma surpresa porque eles existem, já foram vistos e até fotografados, não só em condições normais, como em festas e comemorações, mas também em laboratórios, sob rigoroso controle científico.

Quem afirmou isso foi a jornalista Elsie Dubugras, que durante muitos anos estudou o assunto, pesquisou médiuns e cientistas do mundo inteiro, chegou a essa conclusão e publicou alguns resultados de suas muitas experiências.

Quando a conheci, ela estava com 75 anos, [muito lúcida, morreu aos 102, trabalhando]. Ela nos procurou querendo assistir a uma sessão de pintura mediúnica do meu filho Luiz. De acordo com os espíritos, a convidamos para ir a minha casa, onde, em uma pequena sala, iluminada por uma luz vermelha, eu, Luiz e Elsie nos sentamos ao redor da mesa onde estavam os papéis, um saco cheio de tubos de tintas e uma caixa de *crayon*.

Ao som de Vivaldi, música preferida dos espíritos, eles trabalharam pintando rapidamente vários quadros. Quando acabou e acendemos a luz, ao conferir o resultado, Elsie estava emocionada.

Nós ignorávamos que ela era pintora laureada e grande conhecedora de arte. Ao analisar as pinturas, reconheceu nelas os diversos estilos dos espíritos presentes, coisa que ignorávamos. Fora ela quem segurara as folhas de papel durante a pintura e então nos mostrou que em cada uma delas tinha feito uma dobra na ponta, para estar certa de que os papéis não tinham sido trocados. Elas estavam todas lá.

Depois dessa noite, ela convocou vários cientistas que conhecia para testarem a mediunidade de Luiz, entre eles o fundador do Instituto de Psicobiofísica, doutor Hernani Guimarães de Andrade, a doutora Marlene Severino Nobre, da Associação dos Médicos Espíritas, junto com outros estudiosos, para assistirem a uma sessão de pintura no centro espírita Os Caminheiros, que nós mantínhamos.

Trouxeram vários instrumentos que utilizaram durante a sessão para testar o cérebro do Luiz durante o transe e captar energias do ambiente. O resultado revelou várias alterações, sendo que, quando sob a ação de dois espíritos diferentes, ele pintava com ambas as mãos duas telas ao mesmo tempo, o aparelho comprovava a existência de dois cérebros.

Depois disso, Elsie levou Luiz para fazer demonstrações de pintura em Londres, onde ele se apresentou na BBC, em um programa de tevê especial que, devido ao sucesso, foi reapresentado várias vezes. Em seguida, viajaram também pelas maiores capitais da Europa apresentando esse trabalho.

Com a certeza da imortalidade, Elsie dedicou-se incansavelmente à divulgação de suas pesquisas, escrevendo, fazendo palestras, relatando casos verídicos que comprovam a continuidade da vida após a morte.

Tornou-se nossa amiga muito querida. Tenho a certeza de que mesmo no outro lado da vida, ela continua trabalhando em favor da divulgação das verdades do espírito.

Os espíritos dos pintores vivem no Vale das Artes, uma dimensão astral que congrega artistas de todos os segmentos. Eles acreditam que a arte contribui para sensibilizar e elevar o espírito e se dedicam a esse trabalho.

A pintura mediúnica foi um projeto deles, com tempo determinado e a finalidade de chamar a atenção para a vida espiritual. Quebrada a barreira, as pessoas conseguem enxergar seu mundo interior e escolher melhor seu caminho.

O projeto terminou, mas, de vez em quando, eles avisam o médium que querem pintar. O encantamento volta, a alma se eleva e todos os presentes sentem descer sobre o ambiente energias vibrantes, harmoniosas e cheias de luz.

Se você não acredita, vai ter uma surpresa porque fantasmas existem, já foram vistos e até fotografados, não só em condições normais, como em festas e comemorações, mas também em laboratórios, sob rigoroso controle científico.

20
A CERTEZA DE QUE A MORTE NÃO É O FIM

Zibia, você acredita na manifestação dos espíritos. Minha dúvida: Tem certeza de que quem morre viaja para outras dimensões do universo onde continua a viver uma vida, guardadas as devidas proporções, semelhante à que vivia na Terra?

Muitos gostariam de ter essa certeza, principalmente quando a morte comparece e a dor do "nunca mais" fere seus sentimentos. Outros, mesmo não tendo ainda sofrido nenhuma perda, temem o desconhecido, vivem atemorizados diante dessa possibilidade.

Tem gente que ainda está em cima do muro. Há momentos em que crê e situações em que não. Quando pensa nisso, uma voz fala em sua cabeça o questionando e o medo reaparece. Lá se vai a paz.

E o medo paralisa, impede que você desenvolva projetos em todas as áreas de sua vida. Na verdade, para se obter êxito em qualquer coisa é preciso acreditar que pode conseguir. É preciso confiar na própria capacidade e é fundamental saber o que quer.

O autoconhecimento é a base do progresso. Quando você cria o hábito de analisar seus sentimentos, descobre o que precisa para ser feliz, estabelece um foco prioritário, fundamental para alcançar seus objetivos.

Sem isso, suas energias ficam dispersas, e você por mais que se esforce continuará andando em círculos, sem sair do lugar.

Quando você sabe que é eterno e continuará vivendo em outro lugar, mesmo depois da morte do corpo, seja qual for o desafio que apareça, você terá melhores condições para enfrentar. Sabendo que a morte é apenas uma transição, uma mudança, seus medos perderão muito de sua força.

Claro que ainda vai sobrar certo receio por ignorar como será sua passagem, sabendo que quando chegar a sua hora, terá de ir embora sozinho, deixando as pessoas que ama, os bens que possui, a rotina a que estava habituado.

Se você for muito carente e apegado, sofrerá mais. Mas se não for dramático e não exagerar a situação, poderá sentir o prazer da aventura, de saber como é a vida nas outras dimensões. Foi o que aconteceu com meu querido amigo doutor Silveira Sampaio: depois da morte, descobriu tantas novidades no outro mundo que voltou para escrever os quatro livros os quais tive o prazer de secretariar, contando o que viu por lá. Com seu humor, sua verve de escritor irreverente e alegre, proporcionou-me momentos de prazer e reflexão.

Também, nessa viagem, você poderá reencontrar as pessoas que ama e partiram antes de você.

Se deseja descobrir a verdade, estude o assunto. Vá a uma boa livraria e pesquise. Há muitos cientistas e pesquisadores famosos que relataram suas experiências em livros.

Você vai se surpreender quando descobrir, por exemplo, que o presidente Abraham Lincoln fazia sessões espíritas na Casa Branca e teve premonição da própria morte. Que o escritor Monteiro Lobato fazia sessões com médiuns em sua casa, uma pessoa escrevia a ata e todos a assinavam. Que o Instituto de Psicobiofísica registrou, pesquisou e comprovou muitos casos de reencarnação. Que *Sir* William Crookes, cientista inglês, estudou os fenômenos de materialização do espírito de Katie King, fotografou o espírito materializado, mediu seus batimentos cardíacos, sua pressão arterial, publicou toda sua pesquisa no livro *Fatos Espíritas*. Há muitos outros é só você procurar.

Eu tenho insistido nisso porque, quando você adquire essa certeza, sua vida muda para melhor. Você fica mais lúcido, mais atento, mais forte e menos ansioso. Sabendo que espíritos iluminados, estão à nossa volta, querendo nos auxiliar, nos momentos de dificuldade, quando não sabemos o que fazer, podemos nos unir a eles e pedir inspiração e ajuda. Não acha uma boa ideia?

Sabendo que a morte é apenas uma transição, uma mudança, seus medos perderão muito de sua força.

21
ENTENDER A SENSIBILIDADE PARA VIVER MELHOR

O que é ser uma pessoa sensível? Como saber se tenho sensibilidade?

Essa palavra é entendida de muitas formas, sempre de acordo com a conveniência ou o conhecimento de cada um.

Há quem se utilize dela para justificar fraquezas, excesso de mimo, fazer-se de vítima, falta de coragem para dizer o que pensa, assumir seus erros etc.

Esses sentimentos são vícios de comportamento que sabotam o espírito, impedem o desenvolvimento da verdadeira sensibilidade.

Quem está nesse processo, valoriza as aparências, sente muito medo da opinião dos outros. Mesmo quando está só, tem a impressão de estar diante de uma plateia a quem precisa impressionar de maneira favorável.

Não expressa o que sente porque no fundo tem uma impressão desfavorável sobre seu desempenho e pretende encobrir seus pontos fracos custe o que custar.

Pessoas assim vivem se vigiando, se cobrando, se pressionando, não suportam crítica e quando isso ocorre, vão para o fundo do poço. Julgam-se erradas, caem em depressão, ficam desmotivadas. A vida perde o sabor, não sentem mais prazer em nada. Tornam-se pessoas frágeis, de imaginação mórbida, que qualquer pequena dificuldade as derruba.

Uma pessoa que tem sensibilidade é o oposto de tudo isso. Ela consegue perceber o que está atrás das aparências, ler nas entrelinhas, sentir com a alma.

O espírito, quando domina as armadilhas culturais e se expressa livremente, gerenciando seu emocional, torna-se intuitivo, sensível para a beleza em todas as suas manifestações, tem delicadeza na apreciação das diferenças, aceitando-as sem julgamento e com naturalidade.

Assume seus erros, aprende com eles, procura evitá-los. Se tiver uma recaída, não se critica, mas firma o propósito de continuar tentando melhorar.

Essa forma de agir abre a sintonia com as forças superiores da vida e estabelece a conexão.

As pessoas me perguntam o que fazer para desenvolver a mediunidade. Fazer cursos, ler livros a respeito, frequentar reuniões em centros de estudos espirituais ajuda, mas não é suficiente para assegurar proteção espiritual.

A conexão com os espíritos superiores só acontece com quem já consegue enxergar a vida sob a óptica do espírito e age em função disso nas vinte e quatro horas do dia.

Na Terra, bem poucos conseguem manter-se equilibrados o todo tempo. A ignorância das leis cósmicas, que regem a vida, faz com que muitos escolham mal suas atitudes e atraiam problemas com as pessoas [encarnadas ou não], saindo da sintonia com o bem. Mas colhendo o resultado, aos poucos vão aprender como a vida funciona.

Assim, vamos descobrindo que a ética é lei que não permite transgressão. Que o respeito aos direitos dos outros é uma necessidade se quisermos conservar nossa liberdade. Que a generosidade abre as portas da prosperidade e da fartura. Que ser verdadeiro dá mais resultado do que querer parecer mais do que é. Que o verdadeiro amor precisa ser incondicional e tão inteligente que ajude o ser amado a amadurecer e ser mais feliz.

O espírito, quando reencarna, deve comandar a própria sensibilidade e mantê-la equilibrada. É dotado para isso. Se você não consegue e sofre perturbações, ligue-se com Deus, peça ajuda espiritual, analise seu comportamento, eleve seu espírito. Com suas atitudes atraia a inspiração dos espíritos iluminados. Estou certa de que obterá resposta.

Eles estão sempre a postos, esperando que faça a sua parte, para derramar sobre você energias de amor e luz. "Há mais alegria no céu por um pecador que se arrepende do que por todos os justos que lá estão". Pense nisso!

Assim se processa a evolução. É uma conquista que somos forçados a fazer.

22
ENXERGAR OS
FATOS SEM DRAMA

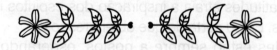

Não sou uma pessoa dramática, mas sou realista. Quando preciso tomar uma decisão, procuro analisar todos os ângulos da questão, principalmente os lados ruins. Não estou certo em me prevenir?

Não ser dramático é fundamental para manter a paz. Mas você já reparou nos exageros que cometemos nesse sentido?

Você diz que não é dramático, e quando tem de tomar uma decisão precisa ser realista, observar o lado pior para poder prevenir-se e fazer o melhor.

Ser realista é bom, mas é preciso perceber se seu conceito sobre o que seja isso não está sendo impulsionado pelo seu lado dramático. Olhar a vida pelo lado ruim, vai atrair exatamente o oposto do que você quer.

A tendência de olhar sempre o lado pior é um vício cultural aprendido, que nos infelicita, impede-nos de enxergar as coisas como elas são.

Se desejamos acabar com o tormento que nos rodeia, torna-se necessário dominarmos esse hábito a fim de conseguirmos a serenidade necessária para enfrentar os desafios que temos no dia a dia.

Na atualidade, tomamos conhecimentos de todas as desgraças que acontecem no mundo inteiro e mesmo que sua vida decorra sem grandes tragédias, se não procurarmos trabalhar essa situação interiormente, acabamos paralisados pelo medo que uma delas venha a nos acontecer.

Quanto mais dramático você for, mais medo terá, uma vez que ao exagerar a possibilidade de fatos que poderiam lhe acontecer, você desconsidera as coisas boas que tem e acaba sofrendo por antecipação por coisas que não aconteceram e provavelmente nunca acontecerão.

Se você se sente inquieto, irritado, deprimido, preste atenção como anda seu lado dramático. Quanto mais você dramatizar, mais medo terá.

Diante de uma situação difícil, inusitada, que pensamentos surgem em sua cabeça? Você rapidamente "vê" um futuro trágico e infeliz e vai até as últimas consequências?

Nesse estado, o raciocínio fica embotado, as mãos frias, a cabeça zonza, o estômago enjoado ou queimando. Você torna-se incapaz de tomar uma decisão adequada.

Muitas pessoas levam vida normal e só passam pelos desafios naturais de vida na Terra. Você pode ser uma delas, dependendo das escolhas que faz. Você pode viver na paz ou na guerra, no bem ou no mal, cultivando tragédias, alimentando-se com elas, ou procurando preservar seu equilíbrio interior.

É a conquista da sabedoria. Meus amigos espirituais dizem que os espíritos evoluídos, nos mundos superiores, são chamados de "serenões" porque enfrentam qualquer situação sem perder a serenidade. Apesar disso, são mais sensíveis do que nós.

Há quem diga que ser dramático é ser sensível, avaliar a dor do outro. Isso não é verdade, porque você só consegue auxiliar alguém de forma adequada, se tiver calma e presença de espírito.

A serenidade é uma conquista inteligente que passa pelo nosso esforço de entendermos os valores espirituais pautados pela elevação do nosso espírito e pelo controle dos nossos pensamentos na busca do equilíbrio emocional.

Neste mundo, estamos mergulhados no oceano de energias de todos os níveis e as atraímos pela afinidade. Conforme acreditamos, tomamos atitudes, estabelecemos um campo de força que atrai os iguais. Portanto, está em nossas mãos conquistar a serenidade, a lucidez que traz a sabedoria que nos transformará em pessoas equilibradas, felizes e de bem com a vida.

Fuja do exagero, seja no que for, saia do drama, pense sempre no melhor, discipline seus pensamentos, cuide de seu progresso em todas as áreas de sua vida. Para isso estamos aqui. Cultive a alegria, aproveite a chance maravilhosa que a vida na Terra oferece. São meus votos.

Muitas pessoas levam vida normal e só passam pelos desafios naturais de vida na Terra. Você pode ser uma delas, dependendo das escolhas que faz. Você pode viver na paz ou na guerra, no bem ou no mal, cultivando tragédias, alimentando-se com elas, ou procurando preservar seu equilíbrio interior.

23
NÃO ASSUMA A DOR ALHEIA

Às vezes, quando estou fazendo algum trabalho doméstico, ouço algumas canções muito bonitas, vindas do astral.

Há muitos anos, em um dia em que eu me sentia triste, ouvi essa canção, cuja música é muito linda, e as palavras calham bem para o momento que as pessoas estão vivendo hoje. Não tenho como mostrar-lhes a melodia, mas a letra aí vai:

Olha, como é bela a manhã,
Com o sol no horizonte a brilhar...
Sente o perfume das flores
Evolando suave, no ar...
Sente a beleza da noite,
Estendendo seu manto estelar
E a lua, tão silente e pura,
Do alto tangendo, as ondar do mar...
Olha a beleza da chuva
Arrancando da terra a semente da vida,
Veja, esses brotos tão verdes
Onde havia somente
Raiz ressequida.
Sente a grandeza de ser
De viver e de poder amar...
E apaga esse inverno cinzento
Do fundo do olhar!
Do olhar!

Uma orquestra maravilhosa tocava e repetia a letra para que eu a decorasse. Foi uma emoção muito forte e, confesso que depois dessa experiência, sempre que algo me aborrece, eu a canto e recupero a alegria.

Essa foi a forma delicada, expressiva e muito eficiente que meus amigos espirituais encontraram para chamar minha atenção para a grandeza da vida e sua perfeição.

No mundo, nos envolvemos com facilidade nos problemas do dia a dia, seja porque ainda não temos maturidade para examinarmos os fatos como eles são, ou, por ser diferentes do que planejamos, nós mergulhamos na queixa, na mágoa, nos deprimindo.

A depressão tira o prazer de viver, tudo perde o encanto, a cor, torna-se inexpressivo. É como se o tempo parasse, nada mais tivesse importância ou motivação.

A vida torna-se um fardo pesado, difícil de carregar, e a desesperança acaba abrindo as portas às doenças, trazendo sofrimento e dor. Muitas pessoas vivem nesse patamar.

Não permita que isso lhe aconteça. Não se envolva com as tristezas à sua volta como se fossem suas. Não assuma a dor alheia. Você não precisa sofrer junto.

Se puder ajudar, ótimo, mas se não há nada a fazer, jogue fora essas energias que poderão alojar-se em sua aura tornando-se um elemento nocivo.

Elas criarão em seu subconsciente uma crença de que o mundo é cruel e a dor é a única realidade.

Isso não é verdade. Acredite. Há uma força superior, amorosa e perfeita, comandando o universo. Nós somos seus filhos amados e estamos aqui aprendendo a viver melhor.

Temos, dentro de nós, todos os elementos de que precisamos para vencer nessa trajetória e regressarmos à vida espiritual mais experientes e felizes. A conquista da felicidade tem um preço que teremos de pagar. A evolução se processa por mérito. É preciso aprender a lidar com as forças da vida e posicionar-se de forma adequada.

Enquanto não conquistarmos essa sabedoria, sofreremos as consequências da nossa ignorância. Pense nisso e reaja. Eu gostaria muito que você pudesse ouvir a canção do astral que eu ouvi.

Não tenho como conseguir isso, mas você pode pedir a eles que lhes mostrem e então, como eu, talvez você possa sintonizar-se com a grandeza da vida e sair de vez da tristeza, sentindo o prazer da alegria no coração.

É o que lhe desejo, com carinho.

Temos, dentro de nós, todos os elementos de que precisamos para vencer nessa trajetória e regressarmos à vida espiritual mais experientes e felizes.

24
MEU PAI NÃO ME ACEITA

Tenho 40 anos e três irmãos. Meu pai se dá bem com todos, menos comigo. Ele me evita, não gosta que eu vá a sua casa, fala mal de mim para os outros. Disse para meu companheiro que tomasse cuidado comigo porque eu não sou mulher de um homem só. Tenho tentado melhorar nosso relacionamento, mas ele não aceita. Você pode me ajudar a entender esse rancor?

Você já tem conhecimento da vida espiritual e sabe que seu nascimento nessa família teve um objetivo. Mas, pelo seu e-mail, notei que ainda não percebeu que a causa desse antagonismo entre você e seu pai teve origem em algum acontecimento traumático ocorrido em outra vida.

Esse fato foi temporariamente esquecido nesta vida, mas ele ainda não foi resolvido de forma satisfatória e permanece no inconsciente dos dois, promovendo desentendimentos.

A vida trabalha em favor da evolução do espírito. À medida que amadurece, o espírito vai conquistando mais sabedoria, aprendendo a respeitar as diferenças e a conviver melhor com os demais.

Para alcançar esse objetivo, a vida age no sentido de que todos os assuntos mal resolvidos entre as pessoas possam ser esclarecidos. A maioria dos desentendimentos é fruto da ignorância, ou seja, não saber lidar com as diferenças.

Quando os envolvidos já têm condições de entender um pouco mais, são reunidos no astral para rever os fatos que ocasionaram o desentendimento e se reconciliarem.

Na maioria dos casos, eles se perdoam. Contudo, para eliminar os traumas, as mágoas, cujas energias permanecem, terão que demonstrar que perdoaram de fato.

A reencarnação facilita a eliminação dessas energias, que permanecem coladas ao corpo astral e, só quando o entendimento verdadeiro acontecer, irão desaparecer.

Em um acordo no astral, em que as pessoas estão aconchegadas pelos espíritos amigos, é mais fácil entender os próprios enganos e os pontos fracos dos outros. Mas aqui, onde o passado foi temporariamente esquecido, o mergulho na matéria faz com que o espírito se entregue mais aos assuntos do dia a dia e tenha atitudes mais condizentes com o que ele realmente é.

Dependendo do nível de cada um, do quanto a pessoa se magoou, da revolta que mantém, ao defrontar-se com seu antagonista de outros tempos, a repulsa aparece forte. É o momento em que a pessoa vai revelar o tanto que assimilou das decisões tomadas no astral.

Você está mais interessada do que seu pai em resolver o problema. Ele parece que mantém ainda a mesma atitude. Mas você não pode desanimar. Continue a procurar o caminho para o coração dele. Vocês dois estão unidos como pai e filha.

Aproveite a oportunidade para resolver esse assunto de uma vez.

Quando ele a critica, pode não estar sendo injusto. O que ocorre é que o passado ainda está mais vivo nele. Seja lá o que você lhe tenha feito, não se culpe, pense que você agiu como sabia naquele tempo. Olhe-o com bondade, não dramatize os fatos. Se a vida os juntou foi porque chegou a hora de resolver o caso. Jogue fora os ressentimentos.

Se esforce para conhecer melhor seu pai. Perceba suas qualidades. Procure pontos de afinidade entre vocês dois e tente mostrar-lhe o que você tem de bom. Estou certa de que ficará surpresa ao descobrir outros lados da questão.

Insista. A vida não joga para perder. Ela os uniu para que vocês possam descobrir um novo caminho de entendimento e de harmonia.

Eu gostaria que todas as pessoas, que estão vivendo uma situação como essa, possam refletir e mudar sua forma de ver e construir uma vida melhor.

A vida trabalha em favor da evolução do espírito. À medida que amadurece, o espírito vai conquistando mais sabedoria, aprendendo a respeitar as diferenças e a conviver melhor com os demais.

25
MINHA VIDA É UM FRACASSO

Estou com 43 anos, tenho um filho de um relacionamento que aconteceu e, como sempre, não deu certo. Moro com minha mãe mas quero ter meu próprio canto, sinto essa necessidade por vários motivos. Gostaria de saber por que minha vida pessoal e profissional não toma outro rumo? Por que não dou certo em nenhum relacionamento? Por que não melhoro de vida financeiramente? Até meu filho foi embora e preferiu morar com o pai. Devo tentar mudar essa situação ou aceitar? Agora estou concluindo a faculdade, e só Deus sabe o grande sacrifício para a conclusão. Quero mudanças, mas não tenho ambição. Como devo agir? Por tudo eu choro.

Assumindo a posição de vítima, você não percebe que o poder do sucesso está em suas mãos. Quem se julga vítima, tem medo de tudo, não toma decisões, não ousa, não confia na própria capacidade, cultiva pensamentos negativos, torna-se uma pessoa frágil e incapaz.

A sua situação resulta da maneira equivocada que você tem de ver a vida. Se deseja melhorar, é hora de ir fundo na análise dos seus sentimentos íntimos, com o propósito de descobrir os anseios de sua alma, para depois pautar suas atitudes de acordo com sua verdade.

Reconheça suas qualidades e sinta que merece conquistar o sucesso. Vai perceber uma sensação de descrença, que resulta da crença de que você não é boa o suficiente. Não dê importância a isso e insista no bem.

Como você quer ter sucesso profissional se começa por dizer que não tem ambição? Isso é mentira. Nosso espírito deseja progredir, ser admirado, ter boa situação financeira para poder usufruir das coisas boas da vida.

Todos sentem essa necessidade, mas, em nossa cultura, é bonito fingir que não deseja nada, que se contenta com pouco. É preciso parecer modesta, para ser aceita pela sociedade.

O resultado dessas atitudes é o fracasso. Valorizando as aparências, estando fora da sua verdade, estará sempre em conflito, vivendo nos extremos da depressão à euforia, sem ter lucidez e serenidade para dirigir a própria vida com dignidade e sucesso.

Quando não sabe o que fazer, não faça nada. Cuide de seu mundo interior, peça inspiração divina e espere os sinais da vida. Enquanto espera, cuide da sua valorização.

Valorizar-se é expressar seus verdadeiros sentimentos. Há hora do sim e hora do não. Colocar-se de acordo com o que sente, atrai respeito e dá dignidade.

Por que está sendo tão difícil fazer a faculdade? Se a está fazendo por vocação, não seria sacrifício. Consulte seu coração, é isso mesmo que quer?

Você tem todo direito de querer ter um canto só seu. Comece a imaginar como gostaria que ele fosse. Pense alto, seja otimista. Sonhe com essa conquista.

Seu filho preferiu morar com o pai. Será que ele se cansou de ficar do lado de uma pessoa sempre infeliz, se queixando da vida? Sim, porque você chora por qualquer coisa. Não se culpe por isso, mas de hoje em diante, se esforce para ser mais otimista.

Você é uma pessoa saudável, inteligente, culta, essa é sua realidade. Assuma seu lugar de fato, diga o que sente, não faça nada que não queira. Perceba os lados bons que já tem. Estou certa de que assim irá conquistando tudo que deseja.

Todavia, o mais importante no seu caso é tomar um banho de alegria, expressar seu prazer nas pequenas coisas do dia a dia, valorizando a oportunidade que está tendo de viver em um planeta maravilhoso como o nosso, para vencer os desafios do amadurecimento do seu espírito.

Aos poucos terá a alegria de perceber que as coisas estão se modificando e indo para o devido lugar.

Valorizar-se é expressar seus verdadeiros sentimentos. Há hora do sim e hora do não. Colocar-se de acordo com o que sente, atrai respeito e dá dignidade.

26
VIOLÊNCIA GERA VIOLÊNCIA

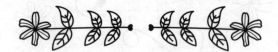

Eu li seu livro **Tudo tem seu preço** *e dei para minha mãe ler. Ela estava sentada no quintal lendo, quando uma vizinha encrenqueira começou a fazer desaforos para ela na rua. Minha mãe interrompeu a leitura e foi ver o motivo.*

A vizinha continuou com os insultos e minha mãe perdeu a paciência e partiu para agressão, nisso a vizinha chamou o filho dela, um homem grandão que deu um tapa em minha mãe e a chutou, quebrando sua clavícula.

Esse foi o relato de mamãe e uma outra vizinha, porque eu estava trabalhando. Tive medo de perdê-la, fiquei com muita raiva e pensei em me vingar: contratar alguém para dar uma surra no vizinho.

Nisso me lembrei do livro e da mensagem: quando uma violência é retribuída com violência fica cada vez pior e não termina nem nessa nem na outra vida. Então desisti da ideia, mas estou me sentindo uma medrosa, com raiva de mim mesma.

Acreditar que violência resolve é uma ilusão que custa muito caro. Confrontar uma pessoa que está fora de si e partir para a agressão é perder o controle e a razão. Quando isso acontece, sempre acaba mal.

Chamou sua vizinha de encrenqueira, pode ser verdade, mas será que vocês também não a provocaram? Entre vizinhos, pequenas implicâncias podem transformar-se em desentendimentos graves como o que aconteceu.

Sua mãe partiu para a agressão e demonstrou que o senso de justiça dela é que a violência seja a solução para a violência, que segundo a lei da atração, ela vai atrair mais agressão para o futuro. Considerando que a encrenca com a vizinha já seja produto dessa maneira de pensar.

Pelos seus sentimentos, parece que você concorda com isso. Eu quero lembrar que quem pensa como guerreira, atrai sempre um inimigo.

O orgulho é sempre mau conselheiro. Ela poderia simplesmente não dar ouvidos à vizinha, e ter continuado a ler o livro. Não obtendo resposta, a vizinha teria ido embora e tudo terminaria ali. Não era o momento propício para tentar um diálogo com ela, que estava fora de si.

Mais tarde, quando sentisse oportuno, seria o caso de procurar um entendimento. Mas para isso, seria preciso que sua mãe tivesse a coragem de ser humilde. Só tem paz quem investe e acredita na paz.

No seu caso, sua mãe está colhendo o que plantou e seria melhor você não assumir responsabilidade pela situação, porque ela é a responsável. O inteligente é aprender com a lição do que se passa à volta para melhorar sua vida.

Pense que tipo de vida você deseja ter. Você gostaria de ter muitos amigos, estar cercada de pessoas que deem o melhor delas, que verdadeiramente a respeitem, então comece a investir em padrões que atrairão isso.

Saiba ficar na sua, não assuma responsabilidades dos outros, compreenda que cada um colhe o que planta, que há sempre um jeito de tirar o melhor das pessoas.

Perceba que a realidade que está vivendo hoje, foi o resultado de suas crenças passadas. Você quer acabar na mesma situação de sua mãe?

Será que as forças espirituais que cuidam da sua evolução e lhe deram como mãe uma pessoa guerreira para que você pudesse avaliar como a guerra é negativa e desse para você um rumo melhor?

A vida trabalha em nosso favor, criando situações de aprendizagem e desenvolvimento, nada acontece de graça, embora tenhamos que nos esforçar para aprender, tudo tem seu preço.

Não confie muito nos seus pensamentos, procure fazer contato com seu eu interior, para iluminar sua vida.

Saiba ficar na sua, não assuma responsabilidades dos outros, compreenda que cada um colhe o que planta, que há sempre um jeito de tirar o melhor das pessoas.

27
LIDANDO COM A REBELDIA DA CRIANÇA

Tenho duas sobrinhas, uma de nove e outra de 11 anos. São irmãs, filhas do meu irmão. Elas têm um gênio muito forte, principalmente a mais velha. Fico impressionada com o modo como ela trata sua mãe quando as coisas não são feitas do jeito que ela quer. Diz coisas horríveis como: eu te odeio, não queria ter nascido de sua barriga, não sou sua filha, entre outras barbaridades. Quanto mais nós explicamos como são ruins essas coisas, mais ela as faz. Todos acham que é uma intervenção de espíritos, pensamos em procurar um centro espírita, mas não conhecemos nenhum bom no qual possamos confiar. Gostaria de poder ajudar minha cunhada e meu irmão, mas não sei como.

O que você pode fazer é mandar para a menina energias de luz e confiar que a sabedoria da vida tem meios para ensinar o que cada um precisa aprender. É ilusão acreditar que você pode mudar as pessoas. Elas só mudam quando querem.

Você não sabe o que está atrás das atitudes de sua sobrinha, nem as variáveis que podem estar interferindo, provocando nela essas reações negativas, que podem mesmo atrair a presença de espíritos perturbadores. Mas são as atitudes inadequadas dela que permitem esse envolvimento.

Em matéria de educação, cabe aos pais, desde cedo, observar os pontos fracos dos filhos e agir adequadamente para auxiliá-los a vencê-los. O sim e o não precisam ser utilizados com firmeza, sempre que necessário. As crianças, desde muito cedo, têm facilidade de manipular os pais, quando eles deixam.

A superproteção corta a ousadia, leva ao comodismo, distorce a realidade, traz insegurança. No íntimo, o espírito da criança, que veio ao mundo para progredir, sente raiva dos pais por não estar fazendo o que deveria. Não tem consciência disso, é uma manifestação do seu inconsciente. Por esse motivo, é bom você analisar bem esse lado, uma vez que ambas as filhas agem do mesmo jeito.

As atitudes da menina podem ter origem em vidas passadas. Pode ter sido mimada e irritar-se quando não lhe fazem a vontade. Se os pais dela a estão educando de maneira adequada, ela nasceu com eles para aprender a vencer essa dificuldade.

A raiva que tem da mãe também pode ter origem em assuntos mal resolvidos de outra vida. Se foi isso que aconteceu, deve ter havido uma preliminar de entendimento entre eles antes de nascer. No astral, é mais fácil enxergar como as coisas são e perdoar. Encarnado na Terra, o espírito esquece o passado e revela o que de fato vai no coração. É a hora da verdade.

Nesse caso, os pais precisam ter a humildade de deixar de lado os papéis de pai e de mãe, o que os faz responder com agressividade. Não se importar com o que elas falam, enfrentar a situação olhando nos olhos delas, falando firme com voz baixa, sem perder a calma, vai ajudar.

Ao perceber que não estão conseguindo irritá--los, perderão o prazer de brigar. Sentirão que os pais são pessoas fortes e passarão a respeitá-los.

Puxar para fora as qualidades que elas têm, valorizando-as, poderá, aos poucos, estabelecer uma ligação de admiração e cumplicidade que com o tempo se transformará em confiança e afeto.

É preciso entender que são nossas atitudes que atraem os fatos em nossa vida. Somos responsáveis por tudo que nos acontece.

Para ser feliz, é preciso confiar na vida, reconhecer o bem que já temos e cultivar a alegria. Para ser respeitado, há que respeitar, para ter paz é necessário deixar a guerra. Para ser amado, é preciso amar sem apego e com inteligência.

Em qualquer situação é preciso SER para TER.

É preciso entender que são nossas atitudes que atraem os fatos em nossa vida. Somos responsáveis por tudo que nos acontece.

28
ONDE FOI QUE EU ERREI?

Minha filha mais velha era portadora de lesão cerebral e faleceu aos 20 anos de idade. Renunciei a tudo e me dediquei a ela, pois achava que só eu sabia cuidar dela. Mas Deus é maravilhoso e me deu mais dois filhos, um rapaz atualmente com 28 e uma filha com 24 anos. Meu filho não dá problemas, mas enfrento um problema com minha filha. Ela me preocupa muito, pois bebe e não leva nada a sério. Já começou duas faculdades e não chega a lugar algum. Estou sempre ansiosa. Por ter de internar a mais velha, ela ficou mais com a avó e as tias. Não sei o que fazer e me pergunto: Onde foi que eu errei? Tenho esperança de que você possa me ajudar.

Você fez o seu melhor. Não se culpe por ter se dedicado mais à sua filha doente e não ter podido dar aos outros filhos a atenção que gostaria. Ela precisava mais de atenção do que os outros dois. Estou certa de que eles não a culparam por isso.

As pessoas não são iguais, cada um tem o próprio processo de evolução e suas escolhas atraem os fatos em sua vida. Culpar-se não irá ajudá-la a enfrentar seus desafios. Cobrando atitudes que não sabe se ela tem condições de assumir, você estará dificultando ainda mais o desempenho dela.

Ela bebe muito ou só para relaxar? O álcool alivia a tensão. Ela tem estado muito tensa? Está sendo muito cobrada por não ter concluído nenhuma das duas faculdades? É por esse motivo que você diz que ela não leva nada a sério?

Preste atenção, tente perceber o que está atrás das atitudes dela. Não levar nada a sério pode ser uma tentativa de dissimular a própria insegurança, a falta de confiança em si. Já o fato de não terminar os estudos pode indicar que ela os escolheu sem estar de fato motivada, apenas porque era hora de decidir sobre uma carreira. Muitos jovens fazem isso. Esse é o motivo pelo qual há tanta evasão nas escolas.

O primeiro passo para decidir sobre o futuro é descobrir a própria vocação. Você pode ajudá-la, conversando sobre o que ela mais gostaria de fazer. O prazer está no sentimento e não no raciocínio. Escolher uma carreira pensando na mais rendosa ou naquela que está mais na moda, é um erro. Sem vocação não há prazer nem motivação para seguir a rotina de uma faculdade e muito menos para ter sucesso na profissão.

Se antes você não teve tempo para se dedicar mais à sua filha, agora que pode, procure conhecê-la melhor, sem julgamento. Observe suas qualidades, elogie sempre que ela fizer algo bom.

Todas as pessoas têm pontos fracos e pontos positivos. Dê um tempo para os pontos fracos e tente reforçar os pontos positivos. Estou certa de que irá se surpreender.

Converse sobre todos os assuntos, ouça suas opiniões sem crítica. Com o tempo, ela irá se tornando mais confiante e se abrirá mais com você. Não determine o que ela deve ou não fazer. Se ela pedir opinião, mostre-lhe os vários lados da situação, mas deixe-a escolher o que deseja fazer. Ela tem o direito de experimentar para aprender. Lembre-se de que os erros ensinam mais do que os acertos.

Você deseja protegê-la, não quer que ela sofra, mas não conseguirá impedir que ela receba as lições de que precisa para amadurecer. Nesses momentos, o que você poderá fazer é apoiá-la com carinho e otimismo. Demonstrar que ficará sempre do lado dela aconteça o que acontecer.

Pense em você e em sua família de forma positiva. A vida trabalha a favor de todos. Prefira ser otimista. Note que as pessoas otimistas é que conquistam todas as coisas boas. Seja uma delas. Aproveite todos os momentos bons de sua vida e seja feliz. Você pode!

Todas as pessoas têm pontos fracos e pontos positivos. Dê um tempo para os pontos fracos e tente reforçar os pontos positivos. Estou certa de que irá se surpreender.

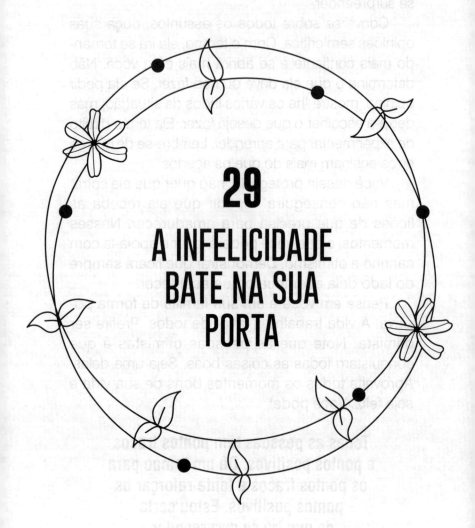

29
A INFELICIDADE BATE NA SUA PORTA

Não tive uma boa infância, o homem que escolhi e tive um filho, era viciado e separei-me dele. Meu filho só me deu problemas, foi preso, mais tarde suicidou-se. Reencontrei meu primeiro namorado e estamos morando juntos. Ele tem filhos com outra, diz que está separado, mas dorme lá de vez em quando. Nosso relacionamento não é bom. Não confio nele e não construímos nada nesses dez anos que estamos juntos. Tenho passado mal, não durmo, não consigo me concentrar, tenho de trabalhar para viver e não consigo. Médico e remédios não resolveram. Tenho fé que você possa me ajudar.

Você está infeliz, tem atraído muitos problemas e não encontra saída. É bom saber que a solução não está nas coisas de fora, que não deram nenhum resultado e nunca darão. Culpar os outros pela sua infelicidade é ilusão. Cada um é como é, só pode dar o que tem.

Como muita gente, você vive em função das ideias que passam pela sua cabeça. Vive em função da mente. Ela aprisiona e cria uma realidade dramática de tudo que acontece, fazendo com que você veja as coisas através dela. A mente reflete os males do mundo, alimenta os medos, distorce a realidade.

Por mais que você deseje ter paz, saúde, sucesso afetivo e financeiro, não consegue porque no fundo estão as falsas crenças aprendidas que limitam e impedem que veja a vida como ela é. Se você quiser curar a sua vida, precisa curar a sua mente. A única forma de fazer isso é acordar o seu espírito. O espírito não é a mente. Sua mente bloqueia a percepção do seu espírito.

Vou ajudá-la a encontrar seu espírito:

Feche os olhos e procure dentro de você a "safadinha" e puxe ela no seu corpo agora. Apesar desse termo não ser visto como muito bom, ainda é a essência do seu espírito.

Note que quando você está sentindo a "safadinha" incorporada e agindo, você fica bem-humorada, esperta, criativa, inteligente, despachada, ousada, descolada, sensível, leve, poderosa, corajosa, porque são atributos naturais do seu verdadeiro ser.

De vez em quando, eu puxo a minha "safadinha" e revivo os momentos alegres da minha adolescência, me vejo de novo nos bailes que eu adorava e onde conheci o amor da minha vida, com quem casei, sinto vontade de cantar. Carrego a minha "bateria" e fico ótima.

Costumamos chamar isso de presença de espírito, porque na verdade é o espírito que está realmente se expressando com mais amplidão. A energia do seu espírito liberada vai curar sua mente, seu corpo e sua vida.

É como a estrela da sorte no mar da abundância. O espírito seguirá pelos caminhos, buscando no lado oculto da vida e trazendo em suas mãos, tudo quanto você precisa para ser feliz.

A energia do espírito livre se chama carisma e é o responsável por tudo que temos de melhor. O espírito só gosta do melhor. Quando você entra em uma loja, sempre é atraída pelo melhor. Normalmente é o mais caro. Às vezes, você só pode levar algo mais barato, mas seu espírito não vai ficar satisfeito.

O espírito é a perfeição. Se não fosse a nossa mente cheia de falsas crenças como: crença em impossibilidade [não poder tomar posse], crença em limites, crenças em demérito, nós poderíamos ter tudo. A verdade é uma qualidade do espírito. Nela não existem limites, tudo é possível e só se satisfaz com o melhor.

Suas crenças sem a luz do espírito são negativas e dramáticas e acabaram criando a triste realidade que você escreveu na sua carta.

É hora de você reescrever a sua vida. Tome posse do seu espírito e discipline sua mente na verdade. Está nas suas mãos um novo destino.

A energia do espírito livre se chama carisma e é o responsável por tudo que temos de melhor porque o espírito só gosta do melhor.

30
COM OS NERVOS
À FLOR DA PELE

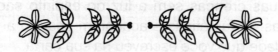

Sou casada há nove anos. Há sete anos vivo uma vida infeliz, sufocada. Meu maior problema é quando meu esposo me procura. Não suporto que ele me toque, meus nervos ficam à flor da pele, como se estivesse sendo violentada por um estranho. Após o ato, sinto ódio dele e vontade de me matar. Não consigo controlar, chego a rasgar minhas camisolas de raiva, parece que vou explodir. Sinto enorme tristeza, choro por nada, estou desempregada e sem ânimo de procurar emprego. Estou doente ou é algo que eu possa resolver? Por favor, me ajude.

Em sua carta você menciona que seu marido usa palavras que a magoam e o amor entre vocês acabou.

Você não precisa manter uma situação que a está infelicitando tanto, fazendo com que chegue ao extremo de querer acabar com a vida. Fugir do problema vai torná-lo maior.

Há um antigo ditado que diz: Quem dá vinagre à sua mulher, jamais beberá o mel de seus lábios. Por que não tenta conversar com seu marido com sinceridade, dizendo-lhe o quanto se magoa com as palavras dele?

Não sei se você é muito suscetível e está exagerando ou se, de fato, ele está passando dos limites, sendo maldoso e leviano. O fato é que uma conversa sincera, em que você coloque seus sentimentos, poderá dar-lhe uma visão mais clara do problema.

É comum no relacionamento a mulher criar muitas expectativas sobre o parceiro, imaginando como gostaria que ele agisse. Mas nunca ela fala do que gostaria, espera que ele adivinhe e fica magoada quando ele age de forma diferente. Será esse seu caso?

Seu marido, quando a procura, já deve ter percebido sua rejeição. Será que ao dizer-lhe palavras ofensivas não estará expressando também sua raiva?

Todas essas coisas só você poderá descobrir. Fique atenta, observe os fatos. Não dramatize as coisas como está fazendo. Analise seus sentimentos íntimos e sinta o que lhe traz bem-estar. Firme o propósito de cuidar de você e da sua felicidade em primeiro lugar. Não confunda responsabilidade com egoísmo.

Assumir o controle da própria vida e construir a própria felicidade são os sagrados objetivos que viemos buscar neste mundo. Seu espírito quer brilhar, realizar os projetos que veio para fazer. Só assim você será feliz. Reaja com coragem.

Pense que, se for o caso, você pode acabar com esse casamento quando quiser e construir uma vida completamente nova. Você é dona de sua vida. Mas para tomar a melhor decisão, precisa estar convicta do que quer.

Saia da ociosidade. Você fica o tempo todo remoendo seus temores, colecionando problemas, alimentando sua raiva e sua depressão. Você não está doente, está viciada em atitudes negativas. Criou um automatismo que a faz olhar tudo pelo lado pior.

Mude o enfoque. Enriqueça seu conhecimento, faça um curso, abra novos caminhos, procure ocupar-se, preparar-se para ter um emprego satisfatório. Há vagas disponíveis, mas elas são só para pessoas bem qualificadas e, principalmente, equilibradas emocionalmente. Ao se apresentar, essas pessoas têm boas energias e são aceitas. A troca energética revela o que a pessoa pensa e é. Se ela não estiver bem, as pessoas vão sentir algo ruim e as rejeitarão.

Você tem o poder de enfrentar os problemas e vencê-los. Mas precisa descobrir o que precisa mudar e aprender como obter o que quer. Terá que querer, de fato, ser paciente, insistir no melhor, persistir em jogar fora os pensamentos depressivos, plantar escolhas mais positivas. Ser melhor para obter o melhor. Experimente e verá!

Assumir o controle da própria vida e construir a própria felicidade são os sagrados objetivos que viemos buscar neste mundo. Seu espírito quer brilhar, realizar os projetos que veio para fazer. Só assim você será feliz.

31
A AJUDA NÃO PODE SER UMA OBRIGAÇÃO

Sou profissional liberal, tenho meu próprio negócio, procuro ser o mais simples possível no relacionamento com meus empregados. Sinto que eles sempre querem se dar bem à minha custa, procuram me explorar devido meu estado de passividade e aceitação, da vontade que tenho de ajudar o próximo. Pago um preço muito alto nesses relacionamentos. Eles deixam entender que eu sou autossuficiente, não preciso de ajuda e tenho a obrigação de ajudá-los. Até pessoas bem próximas, que ajudei bastante, têm inveja de mim, desejam meu mal. Toda minha vida tem sido assim. Isso me sufoca, me tira o sono, me deixa de mau humor. Como tirar essas coisas ruins da minha vida?

Ao ler seu depoimento, fiquei surpresa ao perceber que um homem inteligente como você, capaz de ser independente e manter um negócio próprio, continua vulnerável à maldade alheia.

Você tem a ilusão de que, cedendo ao que os outros querem, será aceito e amado. Se obriga a ajudar as pessoas e espera que elas tenham com você a mesma atitude. Mas elas não correspondem às suas expectativas e você fica com raiva, sente-se usado.

Você está agindo por obrigação, para ser visto como uma pessoa muito boa, e o resultado só poderia ser esse. Você não é tão bom como tenta parecer. A ajuda não pode ser uma obrigação.

Se prestar atenção ao que sente, vai perceber que, para cada pessoa, você tem um sentimento particular que as diferencia. Esse sentimento precisa ser analisado e seguido. Só deve ajudar se sentir que deve. Além disso, para funcionar, a ajuda precisa ser inteligente.

Você está onde se põe, essa é uma lei da vida. Como você não se valoriza, não é valorizado. É hora de começar a mudar isso. De colocar-se em primeiro lugar, para si mesmo.

Valorize suas qualidades. Seja sincero. Sua alma deseja progredir, aparecer, sobressair, ter sucesso em todas as áreas de sua vida. Essa é a verdade que todo ser humano guarda dentro de si. Fomos criados para evoluir. Dentro de você estão todas as coisas de que precisa para progredir.

Comece a estudar seu mundo interior, sinta o que vai em seu coração, descubra vocações, sonhos, não se limite, pense alto. Coloque seu positivismo em ação. Acredite que merece tudo de bom.

Não dê importância ao negativo. A inveja é admiração invertida. Olhe as pessoas sabendo que, tanto quanto você, elas possuem qualidades e pontos fracos. Em seus relacionamentos, procure ir mais fundo e perceber o que há atrás das aparências.

Uma atitude agressiva de alguém pode ser uma tentativa de encobrir uma situação de risco, uma sensação de fracasso ou até uma forma de chamar a atenção. Já um elogio pode disfarçar uma vontade de manipular, de conseguir alguma vantagem, de controlar. Olhe a pessoa e procure sentir as energias que ela está exalando. Experimente. Seu espírito tem como sentir essa realidade. A intuição funciona e nunca se engana.

Ao sentir que alguém tem uma energia ruim, não entre no julgamento para não a absorver. É melhor trazer à tona algo positivo e assim fazer com que ela se sinta melhor. Nem sempre quem está mal é uma pessoa ruim. Ela pode estar deprimida, angustiada, triste. Qualquer pensamento negativo atrai energias doentias. Mas você tem o direito de proteger-se, preservar sua integridade e manter relações de amizade só com quem tem afinidades. Quanto às demais, respeite as diferenças, mantenha apenas o convívio social.

Acredite que a vida está trabalhando em seu favor. Falta apenas você fazer a parte que lhe cabe para que as coisas comecem a dar certo. Esses são os meus votos!

Valorize suas qualidades. Seja sincero. Sua alma deseja progredir, aparecer, sobressair, ter sucesso em todas as áreas de sua vida. Essa é a verdade que todo ser humano guarda dentro de si.

32
DESCONFIO DE TUDO E DE TODOS

Tenho 39 anos, sou casada e mãe de três filhos. Vim morar em uma cidade que não é minha terra natal, tive síndrome do pânico, me achavam louca, perdi mãe, pai, sogros; tenho desconfiança de que meu marido me trai. Me sinto com problema emocional, frequento uma psicóloga mas acho que teria de ser um analista, mas aqui na cidade não tem. Sinto que me acham estranha, desconfio de tudo e de todos, me dou com as pessoas com o pé atrás. Tenho sonhos e, como sou muito sozinha, começo a viajar que isso ou aquilo poderia acontecer. Tenho muita fé em Deus, senão acho que não estaria mais aqui. Gostaria de saber se a senhora poderia esclarecer minhas dúvidas.

 Se você tivesse fé em Deus como diz, teria enfrentado os desafios do amadurecimento com coragem e otimismo. Daria mais atenção às coisas boas que tem, enxergaria as oportunidades de progresso que a vida lhe concedeu e cuidaria melhor do próprio desempenho.

 Em vez de se fortalecer na fé, você deixou-se dominar dela insegurança, pela insatisfação, pelo medo, apagando a luz do seu espírito, que veio a este mundo para fazê-la brilhar e contribuir para o progresso de todos.

 Seu espírito é muito maior do que você pensa. Tem dentro de si a essência divina, o poder de escolher o próprio caminho e de criar o próprio destino. Estagiar na Terra é uma oportunidade genial para jogar fora as ilusões e aumentar seu senso de realidade e descobrir a grandeza da vida.

A maneira de você se ver e de ver a vida determina suas escolhas e programa os fatos de sua vida. Se a escolha é livre, a colheita dos resultados é obrigatória.

Pensar que a realidade traz sofrimento e preferir a ilusão é desconhecer os objetivos espirituais da vida que, por meio dos nossos erros e dos acertos, visa a nos conduzir à conquista da sabedoria e do progresso.

Se você realmente deseja vencer todos os seus problemas, terá que mudar radicalmente seu padrão de crenças. Jogue fora todos os pensamentos negativos que a tem escravizado e limitado seu desempenho. Eles, além de não resolver seus problemas, só lhe trouxeram infelicidade. Essa forma de pensar está automatizada em sua mente e para libertar-se precisará procurar ajuda espiritual.

Deixe de lado a desconfiança de seu marido. De tanto cultivá-la e jogar sobre ele essas energias pode acabar atraindo o que você mais teme. Dê-lhe um crédito de confiança, você não tem nenhum motivo sério para duvidar. Cuide mais de sua aparência, evite assuntos desagradáveis, seja bem-humorada. Lembre-se dos tempos de namoro, coloque um pouco de romantismo em seu relacionamento. Seja sincera e abra seu coração. Estou certa de que ele vai corresponder.

Ligue-se com Deus e peça que lhe mostre como a vida funciona e fique atenta para os sinais que virão. Não julgue ninguém, só observe as escolhas das pessoas e os respectivos resultados que colhem. Mesmo que leve algum tempo, descobrirá que a maldade é temporária e custa caro. A vida responde a cada um conforme suas atitudes.

Fortaleça sua fé, enfrente suas dúvidas, jogue fora o preconceito e busque encontrar a verdade, esteja onde estiver. Seja verdadeira, valorize seus sentimentos, aja sempre de acordo com eles.

Estou certa de que, agindo dessa forma, construirá dentro de você uma fé verdadeira e forte, que a fará enfrentar todos os desafios com discernimento e coragem. Essa atitude abrirá a porta para que os espíritos iluminados, que nos protegem e trabalham para a melhoria da humanidade, possam fortalecê-la ainda mais e inspirá-la para a conquista de uma vida melhor.

Estou torcendo por você. Quando tudo estiver bem, me escreva para contar.

Fortaleça sua fé, enfrente suas dúvidas, jogue fora o preconceito e busque encontrar a verdade, esteja onde estiver. Seja verdadeira, valorize seus sentimentos, aja sempre de acordo com eles.

33
JUSTIÇA A QUALQUER PREÇO

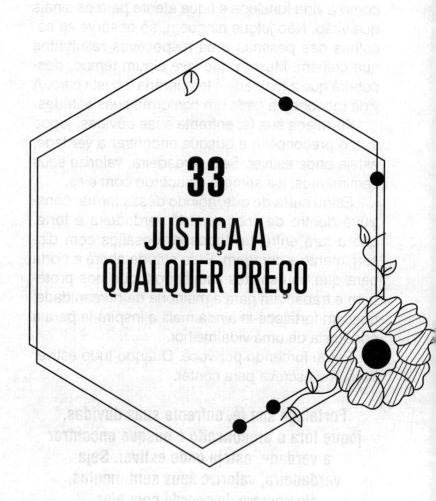

Desde criança sempre denunciei coisas erradas: entregava o irmão que mentia, o colega que batia em outro e, lógico, sofri muito por isso. Sou pessoa que fala diretamente, seja para políticos, amigos, colegas, marido, filho etc. Odeio falar na ausência da pessoa. Diante disso, sofri muitas injustiças, os atritos vinham para mim, embora eu mesma nunca participasse. Sou muito competente no trabalho, porém, as pessoas têm medo de mim. Tenho fama de investigadora e justiceira. Encontro pessoas corruptas o tempo todo: chefes, juízes, promotores, amigos, padres, pastores. Quando penso que a justiça vai prevalecer, sou derrubada e meu cargo é colocado à disposição. Essas coisas acabam sempre caindo nas minhas mãos. O que eu fiz na outra encarnação para hoje acontecer tudo isso? Me ajude.

Os problemas pelos quais você está passando são provocados por suas atitudes. Como desde criança você já sentia a necessidade de ser justiceira, essa forma de agir pode ter sido aprendida em vidas passadas. Os resultados que você tem obtido estão dizendo que está na hora de mudar, de reavaliar sua maneira de ver a si mesma, a vida, as pessoas e aprender a lidar com a realidade.

Chegou a hora de jogar fora as ilusões e ver a vida como ela é. Situar-se no bem, cooperar com a vida de forma harmoniosa e proveitosa.

Avalie seu comportamento: Você entrou no julgamento e pretende fazer justiça. Será que tem capacidade para isso? Será que tem competência para saber o que vai no íntimo das pessoas? Acredita que tem a missão de fazer prevalecer a justiça castigando aqueles que, na sua visão, estão errados? Será que a vida não tem sabedoria para fazer esse papel de forma mais adequada? A justiça divina está sendo omissa e precisa que você a substitua?

Se continuar com essa pretensão, não conseguirá ter uma vida satisfatória. A ilusão de querer ser mais do que é, só vai atrair desafios dolorosos.

Quando você julga alguém, está chamando a atenção dos outros para as próprias fraquezas. Além disso, colocar-se como justiceiro, querer ser palmatória do mundo, é entrar na guerra. Em uma guerra não há vencedor, todos perdem.

Uma nova encarnação é uma abençoada chance de reavaliar atitudes e mudar sempre que os resultados não estão sendo satisfatórios. Você tem o poder de melhorar, escolher novos caminhos. Reconheça que sua maior missão é cuidar de si mesma, desenvolver seus potenciais, tornar-se uma pessoa melhor.

Conhecer seus sentimentos, ser verdadeira é valorizar-se, atrair a admiração e o respeito das pessoas. Para manter um bom relacionamento, é preciso aceitar as diferenças, respeitar as escolhas de cada um e conviver socialmente de maneira civilizada.

Entretanto, você não é obrigada a pactuar com o erro alheio e tem o direito de se defender, preservar sua intimidade, selecionar suas amizades, viver conforme seus valores éticos e espirituais.

Faça distinção entre analisar e julgar pessoas. Ao estar com alguém, é normal querer saber como ela é. Não se deixe levar pelas aparências, nem pelo que os outros disseram dela para não entrar no preconceito, isto é, no julgamento. Situe-se na troca de energias, vá no sentir e perceberá muito mais sobre ela.

Reflita sobre tudo isso. Aceite as coisas como são e se privará de muitos aborrecimentos. As pessoas mudarão a forma de tratá-la, fará amizades prazerosas, enriquecerá sua vida pessoal e encontrará a maneira adequada de contribuir positivamente com a vida. Sentirá alegria de viver, motivação para trabalhar, vai desfrutar do lazer a que tem direito e poderá dividir com seus entes queridos uma vida melhor.

Conhecer seus sentimentos, ser verdadeira é valorizar-se, atrair a admiração e o respeito das pessoas. Para manter um bom relacionamento, é preciso aceitar as diferenças, respeitar as escolhas de cada um e conviver socialmente de maneira civilizada.

34
ACEITAR O QUE NÃO SE PODE MUDAR

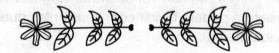

Minha mãe faleceu há seis meses, aos 50 anos. Ela era tudo que eu e meus irmãos tínhamos. Minha avó ficou depressiva, meu irmão mais velho perdeu o ânimo, eu não parava de chorar, não queria me comunicar com ninguém. Até que um dia sonhei com ela brigando comigo, mandando que eu cuidasse de minha casa, meu marido e dos meus filhos. Fiquei muito triste, pois esperava que ela me abraçasse e me enchesse de beijos. Desde então não consigo deixar de sonhar com ela, não nos falamos no sonho, sempre a vejo, ora ela está alegre, ora de cara fechada. Ela quer me dizer algo? A minha dor e a saudade não deixam ela seguir em paz? Isso é normal?

Sua mãe deve ter sido uma mulher forte, inteligente, que assumia todos os problemas da família, criando soluções, resolvendo tudo. Foi muito cômodo para todos vocês apoiarem-se nela. Ao fazê-lo, deixaram de desenvolver a própria força e quando a vida a levou, ficaram sem chão.

Agindo dessa forma, ela tinha boa intenção, acreditava que estava exercendo seu papel de boa mãe. Mas a morte é a visita da verdade. Depois de chegar ao astral e tomar consciência da forma pela qual vocês estavam reagindo à sua partida, percebeu o quanto estivera equivocada e procurou contato por meio dos sonhos.

Todas as noites, quando dormimos, nosso espírito sai do corpo e torna-se fácil ser abordado pelos desencarnados. Ela a procurou e não gostou do que viu. Você não soube lidar com a perda do apoio, se deprimiu a ponto de não cuidar das suas obrigações com sua casa, seu marido e seus filhos. Só ficava se lamentando, chorando, não querendo ver ninguém. Abandonou a própria responsabilidade.

Para ela que considerava a família uma prioridade, deve ter sido difícil suportar essa realidade. Perceber que não conseguiu passar para filha os próprios valores a deixou contrariada. Por esse motivo, em vez de abraçá-la como você gostaria, ela brigou, chamou sua atenção para que assumisse suas responsabilidades. Apesar de perceber seus equívocos, ela é tão controladora que não consegue deixar de querer intervir na família.

É hora de vocês entenderem que a vida a levou para dar chance a que cada um pudesse caminhar com suas próprias pernas e assumisse a direção de suas vidas.

A morte é irreversível, e aceitá-la revela sabedoria. Apesar do apego excessivo, vocês sentem afeto e gratidão por ela e, é a manifestação desse amor que poderá auxiliá-los e reencontrar a paz.

O espírito de sua mãe hoje reside em outra dimensão do universo e precisa seguir o próprio caminho. Só conseguirá fazê-lo quando vocês aceitarem a separação. Seria bom se cada um, na intimidade do seu coração, se despedisse dela, falasse dos seus sentimentos, se dizendo capaz de assumir a própria vida dali para frente. Com vocês se mostrando autossuficientes, ela dará por finalizada sua missão familiar, e até os visitará de vez em quando.

Vocês se sentirão livres para descobrir o próprio poder e aprender a lidar com os desafios do dia a dia. O amor precisa ser inteligente e não tolher os envolvidos, impedindo que desenvolvam seus potenciais.

Nós somos espíritos eternos e estamos estagiando na Terra para aprendermos a lidar com as forças naturais que regem a vida e descobrirmos nosso mundo interior.

O autoconhecimento é a base do nosso progresso espiritual e, é da responsabilidade de cada um encontrar os meios para alcançar o sucesso que viemos buscar.

A vida trabalha a favor da nossa evolução e colocou dentro de nós tudo que necessitamos. De escolha em escolha, de resultado em resultado, vamos aprendendo a viver melhor a cada dia. Reaja, acredite na vida, acredite em você e siga em frente. Esse é o caminho.

Nós somos espíritos eternos e estamos estagiando na Terra para aprendermos a lidar com as forças naturais que regem a vida e descobrirmos nosso mundo interior.

35
QUERO RECEBER MENSAGENS DO MEU FILHO QUE MORREU

Estou procurando um centro espírita kardecista e pedir uma mensagem psicografada do meu filho [assassinado aos 25 anos]. Então, me diga: os vivos conseguem contatar os desencarnados quando bem entendem?

Nós não conseguimos contatar os espíritos quando queremos. Só quando eles querem ou têm condições de comunicar-se conosco.

Esse contato acontece de lá para cá. Há os indisciplinados que se recusam a ir para uma dimensão onde terão de obedecer às regras estabelecidas e permanecem algum tempo na crosta terrestre, mantendo atitudes e sensações que tinham quando estavam aqui, intervindo na vida das pessoas, nem sempre de maneira positiva, até que depois de determinado tempo, abatidos pela desilusão, se rendam e aceitem as condições para serem auxiliados.

Há os que aceitam a proteção dos espíritos iluminados e são levados para colônias astrais onde, em pouco tempo, reequilibram as energias, reencontram parentes e amigos até de outras vidas.

Nesse nível, nem todos conseguem recordar-se das encarnações anteriores, para isso torna-se necessário estar mais lúcido e equilibrado.

A maioria deseja comunicar-se com os que ficaram para contar que continuam vivos. Essa constatação é o que mais os entusiasma, principalmente se não acreditavam nessa possibilidade. Querem mandar mensagens para os familiares, porém, para isso, necessitam de permissão.

Para os recém-desencarnados, a energia do mundo ainda representa uma atração muito forte. O prazer da comida, dos hábitos rotineiros de muitos anos, a vontade de monitorar os problemas familiares pode pôr em perigo o equilíbrio espiritual recém-conquistado, fazendo com que se recusem a voltar depois de uma visita à família, principalmente se os entes queridos estiverem chorando muito a perda, brigando por causa dos bens, com ciúme uns dos outros.

Vocês podem ver como não é fácil para um recém-desencarnado comunicar-se com os que ficaram. Além do mais, se ele tiver sofrido muito antes de ir, passado por uma doença dolorosa durante bastante tempo, não teria condições físicas, porquanto, as impressões do sofrimento ficam muito ativas e enfraquecem o corpo astral que requer até a estadia em um hospital astral para recuperar-se.

Quem morreu assassinado no auge da mocidade, deixa o mundo de maneira violenta e, passa por um processo difícil, cujo bom termo vai depender de como ele aceita a nova situação. Há os que se revoltam, perseguem o assassino, não aceitam ajuda. Mas, para os que se conformam com o fato e aceitam auxílio, será menos sofrido e, se for um espírito mais lúcido, vai entender que passou por essa experiência para aprender determinada lição, amadurecer. Ele sabe que a vida cuidará para que seu assassino aprenda que a violência só agrava o problema.

É valido você procurar receber uma mensagem do seu filho. Mas é preciso ter paciência se o resultado demorar e, quando a receber, procure identificar seu filho por alguma particularidade que só você conhece, para ter certeza de que foi ele mesmo que transmitiu a mensagem.

Saber que ele está vivo e que um dia se verão de novo deve bastar para lhe trazer alegria e paz.

Para os recém-desencarnados, a energia do mundo ainda representa uma atração muito forte. O prazer da comida, dos hábitos rotineiros de muitos anos, a vontade de monitorar os problemas familiares pode pôr em perigo o equilíbrio espiritual recém-conquistado.

36
MEU MUNDO DESABOU

Conheci o Wellington em uma festa, e começamos a namorar, sentíamos que existia um sentimento maior. Ficamos noivos e, dois meses depois, no dia do meu aniversário, quando ele seguia para casa para almoçar, caminhando nos trilhos da linha férrea e ouvindo música com os fones de ouvido, foi atropelado pelo trem e faleceu. Meu mundo acabou, sinto muitas saudades, não consigo me abrir para novos relacionamentos. O que fazer para tirar essa angústia que sinto desde o dia em que ele se foi?

Todos nós estamos neste mundo de passagem. Na rotina do dia a dia a que nos acomodamos, esquecemos desse detalhe. Tudo se movimenta e muda de instante a instante, mas nós nos seguramos nas coisas, não aceitamos as mudanças.

Colocamos nossa segurança na aquisição de bens materiais, no apoio da família, nos amigos e na sociedade. Todas essas coisas, embora nos ajudem a enfrentar os desafios do caminho, têm prazo de validade, se modificam com o decorrer do tempo.

Por esse motivo, é preciso valorizar o presente, reconhecer a importância de estar vivendo bons momentos, retribuir os bens que a vida nos deu, fazer felizes os que nos amam e apoiam porque, quando chegar o momento fatal da mudança, a sensação de haver dado o nosso melhor nos confortará, nos fará aceitar a separação com mais coragem e naturalidade.

A morte é irreversível. Agarrar-se a algo que acabou é sofrer sem remédio. Entrar na depressão é agravar uma situação que já é difícil, atrair doenças e outros tantos fatores negativos. Toda perda é dolorosa. A morte de um ente querido, mesmo quando você sabe que a vida continua, causa dor.

Um relacionamento em que você colocou muito amor e termina em separação, pode lhe fazer acreditar que sua vida acabou e nunca mais será feliz.

Uma perda financeira, que muda seu padrão de vida, trazendo insegurança, desconforto, preocupação, poderá destruir a confiança na própria capacidade, se você não aceitar e colocar sua força para seguir adiante.

Não aceitar aquilo que é, revoltar-se, brigar com a vida, imaginar que está sendo castigada por ela, sentir-se culpada e incapaz, só alimenta a tristeza e o desalento. Por mais que deseje, não conseguirá trazer de volta um tempo que já acabou. É paralisar-se no sofrimento inutilmente.

Perceba que essa é uma escolha sua. Demonstra que não confia na sabedoria da vida, que Deus não mora dentro de você e é capaz de lhe dar outros momentos de felicidade, melhores e mais intensos dos que já viveu. Sinta que você não precisa resolver sozinha todos os problemas que a afligem. Não menospreze o auxílio que a bondade divina oferece para quem aceita o que não pode mudar e busca ajuda espiritual com fé e humildade.

A necessidade de aprendizagem e nossos pontos fracos atraem os desafios em nosso caminho. Enfrentá-los com coragem desenvolve a força interior, aumenta a lucidez, amadurece. A evolução do espírito é lei da natureza.

Deixar o passado ir embora, aceitar o novo é abrir espaço para que o progresso possa entrar em sua vida, trazendo conhecimento e satisfação.

Apesar das mudanças, nada nem ninguém pode tirar o que lhe pertence por direito divino. É lei da vida. O amor que sente pelos que partiram continua existindo e um dia os unirá de novo. Quando perdeu bens materiais, ganhou experiência para administrar melhor os que virá a possuir. Afinal, a perda, seja do que for, sempre deixa um vazio, mas abre espaço para a conquista de algo melhor.

A necessidade de aprendizagem e nossos pontos fracos atraem os desafios em nosso caminho. Enfrentá-los com coragem desenvolve a força interior, aumenta a lucidez, amadurece.

37
A ANSIEDADE SÓ ATRAPALHA E ALIMENTA A ILUSÃO

Li numa matéria sua sobre mentalização que podemos desejar coisas grandiosas. Tento ter pensamentos positivos, ter fé que tudo vai dar certo, mas lá vem mais uma decepção e uma depressão que me faz pensar: O que estou fazendo aqui? Tudo aconteceu ao mesmo tempo. Descobri que a pessoa que eu namorava me enganava, mentia para mim, perdi meu emprego, que eu adorava, e em casa minha família tem sempre um motivo para discutir. Um conhecido me disse para deixar de ser ansiosa, mas como não ser ansiosa sem emprego e com o tempo passando? Gosto de ficar em casa sozinha e, quando saio na rua, parece que todos são felizes, menos eu. Falo todos os dias com Deus, para que me dê forças, fé e otimismo, mas por que é tão difícil?

Você já deve ter notado que decepção e depressão, além de não resolverem nada, tornam as coisas piores. É hora de mudar, sair desse círculo vicioso em que está e se preparar para equilibrar suas energias a fim de conseguir realizar seus projetos. Você quer resolver tudo dentro da cabeça, mas se atormenta, isso não funciona.

A ansiedade faz com que você viva no futuro, alimente a ilusão. É no presente que se pode agir, fazer escolhas, criar o futuro. São as escolhas que determinam todos os acontecimentos em sua vida. Uma escolha equivocada traz insatisfação.

Em vez de querer controlar sua cabeça, ligue-se ao seu sentir, analise o que lhe dá bem-estar, alegria. Em sua mente estão automatizadas todas as coisas que não deram certo, e sempre que você não tiver pensamentos positivos, elas reaparecem. É preciso vencer esses condicionamentos, não dar importância, deixar o passado passar. Você está em outra fase, mais experiente, e pode escolher fazer tudo diferente.

Não tenha medo de ousar. Você é um espírito eterno, criado à semelhança de Deus. Tem de aprender a usar a sua força interior, do seu jeito, criar e realizar as aspirações mais íntimas do seu coração. Respeitar seus sentimentos, ser verdadeira. Só aceitar o que lhe faz bem. Não ter medo de dizer não quando sentir que algo não é bom. Quando você nega o que sente, se desrespeita e se desvaloriza. Se for sincera, colocar-se de forma adequada, as pessoas vão aceitá-la.

Tente fazer o mesmo em casa, na convivência com a família. É melhor não discutir, não entrar nas provocações, nem se melindrar com as atitudes dos demais, ficar na sua, evitar interferir demais na vida deles, respeitar o espaço de cada um. Procure cooperar fazendo a parte que lhe cabe, com disposição e alegria. Saia do julgamento. Você conhece os pontos fracos dos seus familiares, mas experimente olhar também as qualidades que eles têm.

Os outros não são mais felizes do que você. Todos nós enfrentamos os desafios no dia a dia. Se estão felizes, tendo sucesso, é porque escolheram melhor o caminho. Você pode fazer o mesmo. Tem tudo para isso. Basta saber como. Deus não vai lhe dar força porque já colocou dentro de você tudo de que precisa para ir adiante. A vida coopera em favor da sua evolução. É você que tem de fazer a sua parte.

Você pode pedir orientação divina, melhorar seu conhecimento, estudar a espiritualidade, observar como a vida funciona, aprender a fazer escolhas mais produtivas.

Mas é você quem terá de fazê-lo para desenvolver os potenciais do seu espírito, tomar consciência da própria força, conquistar lucidez e sabedoria. Assim, vai perceber a grandeza da vida, a grande oportunidade que teve de viver na Terra, e o dever de cooperar com a manutenção do planeta para que ele continue sendo esta casa de progresso onde os espíritos podem viver, experimentar e progredir.

Agindo dessa maneira, você vai obter provas definitivas da eternidade e conquistar uma fé tão forte que lhe permita confiar na vida. É um longo caminho, que todos estamos trilhando, mas com coragem e persistência, você vencerá.

A ansiedade faz com que você viva no futuro, alimente a ilusão. É no presente que se pode agir, fazer escolhas, criar o futuro. São as escolhas que determinam todos os acontecimentos em sua vida.

38
CADA UM ENXERGA A VIDA COMO QUER

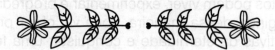

Tive uma vida muito sofrida, apanhei muito na infância. Depois, durante o casamento, houve muita briga com meu marido. Meus filhos, já adultos, não se dão bem comigo. Sinto que as pessoas com as quais me relaciono não são de confiança, são ruins. O mundo é ruim. Eu gostaria de não ter nascido. Por que a vida é tão ingrata?

Recebo muitas cartas e muitos e-mails, leio todos e respondo-os na medida do possível, conforme posso. Há casos em que preciso me estender um pouco mais, como o caso de Maria. Escrevi a resposta e enviei um livro que julguei indicado.

Você morava na roça, foi criada por um pai que, além de alcoólatra, era violento e, muitas vezes, para escapar das pauladas dele, corria na chuva, de madrugada, pela mata. Diz que em toda sua vida, na adolescência, no casamento, tem sofrido problemas materiais, espirituais, não tem paz, mora em um lugar onde há muitas desavenças. Sente-se muito sozinha, não consegue ter boas amizades e diz que não queria vir a este mundo. Na sua família não tem união nem amor. Sente medo de tudo.

Você está em um círculo vicioso do qual não sabe como sair. É que tendo vivido sufocada pela maldade dos outros, acredita que eles sejam mais fortes, e que a situação é irremediável.

Isso não é verdade. Essa é a forma que você vê e interpreta o que tem acontecido em sua vida. Talvez na infância, você não tivesse mesmo como fazê-lo, mas poderia ter reagido ao se tornar adulta. Não o fez, talvez por não acreditar que teria capacidade, ou que a vida pudesse vir a ser melhor do que foi.

Nunca se perguntou porque a vida lhe trouxe desde cedo tantos desafios dolorosos? O que ela pretendia lhe ensinar ao dar-lhe um pai violento e irresponsável?

A vida faz tudo certo e age sempre de acordo com o que a pessoa precisa, empurrando-a para conquistar uma vida melhor. Os desafios dolorosos são estímulos que a vida coloca para quebrar o círculo vicioso em que o espírito se colocou, cultivando falsas crenças aprendidas, fazendo escolhas equivocadas, culpando os outros pelo que lhe acontece.

Durante esse período, certamente houve muitos estímulos positivos, que se tivessem sido aproveitados, a vida da pessoa já teria melhorado. Mas, o medo, a falta de fé em Deus, de confiança na vida, de valorizar as próprias qualidades do seu espírito têm impedido você de reagir.

São suas escolhas que atraem os resultados ruins que tem. Você é responsável por tudo quanto lhe acontece. Assim como preferiu olhar os fatos pelo lado negativo, pode olhar o lado positivo. Não se culpe por isso, mas procure melhorar sua postura interior.

Pare de lamentar e comece a olhar as coisas boas que possui. Comece por sentir como você gostaria que sua vida fosse. Perceba que não tem como mudar os outros, mas pode mudar a forma como se relaciona com eles.

Observe como a vida age respondendo a cada um de maneira adequada. Cuide de si com amor, melhore sua aparência, faça algo que lhe dê prazer, respeite tudo e todos, sem perder a sua individualidade, agindo de acordo com seus sentimentos.

Procure ver as coisas como elas são, aceite as diferenças, mas se dê o direito de selecionar as suas amizades. Estude a espiritualidade. A fé no invisível abre a mente, traz segurança, serenidade. Questione, investigue, estude, peça inspiração divina para seguir adiante.

Tudo de que precisa para reverter a situação está dentro de você. Acredite, você pode. Só precisa usar a favor do seu progresso o poder que seu espírito tem. Quando você coopera com a vida, a vida coopera com você. Estou torcendo por você.

São suas escolhas que atraem os resultados ruins que tem. Você é responsável por tudo quanto lhe acontece. Assim como preferiu olhar os fatos pelo lado negativo, pode olhar o lado positivo.

39
OS OUTROS NÃO SÃO COMO VOCÊ GOSTARIA

Tenho 26 anos e moro sozinha. Tenho um problema que literalmente está acabando comigo: não consigo gostar de minha mãe. Eu a ajudo financeiramente, a visito, converso com ela, mas faço por obrigação. Ela é uma pessoa de bom coração, mas está sempre se colocando na posição de vítima e exigindo que as pessoas façam tudo por ela. Está desempregada, não cumpre seus compromissos pessoais, está sempre reclamando da vida. Não consigo aceitar esse comportamento dela. Como duas pessoas tão diferentes, em que uma mal tolera a outra, podem ter reencarnado nesta vida com um elo tão forte como o de mãe e filha? De tanto pensar nisso acho que vou enlouquecer.

As pessoas são diferentes. E, por mais que você queira, não tem o poder de fazer com que os outros sejam como você gostaria. Aceite essa realidade e faça o que lhe é possível para vencer esse desafio que a vida está lhe impondo. Lembre-se de que ela sempre faz tudo certo e, se ligou vocês duas, foi porque uma tem o que aprender com a outra. Unir duas pessoas afins pode ser confortável porque, apoiando-se mutuamente, viverão muito bem.

Mas o aproveitamento é maior quando a vida junta duas pessoas muito diferentes porque está oferecendo a ambas uma preciosa oportunidade de renovação e progresso. As diferenças são estímulos que nos fazem observar detalhes ignorados de uma situação, sinalizando que é hora de mudar. Isso só acontece quando você já tem como dar um passo à frente.

Não perca tempo. Aproveite a oportunidade. Você colocou o foco de sua atenção sobre sua mãe e enquanto se preocupa por ela ser como é, está deixando de lado suas necessidades pessoais. Sua maior responsabilidade é cuidar bem de si, desenvolver seus potenciais, analisar seus sentimentos, descobrir o caminho da própria felicidade.

Sinta o que gosta, perceba sua vocação, dedique-se a algo que lhe traga bem-estar. Estude como a vida funciona, observe como ela responde às atitudes de cada um. Pense como gostaria que sua vida fosse e faça projetos positivos para o futuro. Imagine só o melhor, pense grande, acredite que merece. Você está perdendo tempo e deixando de viver todas as coisas boas que o universo tem para lhe dar.

Sua mãe só é o que consegue ser. Você não pode mudar isso, mas pode mudar seus pensamentos com relação a ela. Jogue fora o julgamento, a crítica, liberte-se do negativismo. Pense que vida tem como auxiliá-la no momento certo a encontrar a própria felicidade. Não é de sua responsabilidade a evolução dela. Daqui para frente, comece a olhá-la como se ela já fosse como você gostaria.

Assim, estará lhe enviando energias poderosas que poderão contribuir para que ela se torne uma pessoa melhor. Deixe de confrontá-la, evite competir, mesmo que alguma atitude dela a irrite. Aja com naturalidade.

Mais tarde, em um lugar sossegado, pergunte a si mesma: será que não sou igual a ela? Seja sincera. Quando nos defrontamos com a atitude de uma pessoa que não aprovamos e nos irritamos muito, pode ser sinal de que não queremos ver que somos iguais a ela. Nesse caso, ela pode ter vindo como sua mãe para servir de espelho e tornar evidente quais atitudes você precisa melhorar.

Peça a Deus que lhe mostre a verdade. Declare que você quer ver as coisas como elas realmente são e vai aceitá-las sem sofrer. Jogue fora o passado. Renove sua vida, valorize o presente.

Esqueça a falta de afinidade que julga ter com sua mãe e se esforce para melhorar o seu relacionamento com ela. Puxe dela o melhor lado. Elogie sempre que ela tiver alguma atitude melhor. Procure interessá-la em assuntos elevados e alegres. Tudo pode ser melhor entre vocês. Experimente e verá!

Sua maior responsabilidade é cuidar bem de si, desenvolver seus potenciais, analisar seus sentimentos, descobrir o caminho da própria felicidade.

40
TODOS TEMOS O MASCULINO E O FEMININO

Sou um rapaz de 22 anos, trabalho e faço faculdade, sempre sonhei em ser feliz, profissionalmente e em um relacionamento afetivo, o problema é que minha cabeça está cada vez mais confusa. Sou muito religioso também, desde criança, sou Ministro da Palavra e gosto muito da Renovação Carismática Católica pelos ensinamentos religiosos, mas eles me confundem mais ainda. Eu sinto uma atração forte por homens e mulheres também, embora com uma frequência bem menor. A atração por homens está sendo mais forte em mim, não consigo parar, está dentro de mim, me faz bem. Não queria isso por causa da família, preconceitos e religião. Não sei mais o que fazer, por favor, me ajude. Ora penso que, quando há amor não há pecado; ora penso o contrário. Obrigado.

Não é fácil enfrentar o condicionamento social. Mas você só será feliz se viver de acordo com seus verdadeiros sentimentos. É preciso ter a coragem de assumir aquilo que se é, deixar de lado as regras de comportamento que tentam igualar as pessoas. Elas foram criadas por uma maioria, que só valoriza seus iguais e não aceita a diversidade da natureza.

As religiões são preconceituosas, não aceitam que alguém saia do modelo que colocaram para seus fiéis, sem reconhecer que foi Deus quem criou o mundo e as pessoas como elas são. Como Ele nunca erra, podemos concluir que teve um bom motivo para tudo ser do jeito que é.

Muitos acreditam que nascer diferente seja castigo por ter feito algo errado em vidas passadas. Isso não é verdade. Deus é misericordioso e não castiga ninguém. Seja qual for a condição em que alguém nasce na Terra, veio para aprender por meio das experiências que este mundo proporciona.

Claro que isso inclui colher o resultado de suas escolhas para desenvolver o senso de responsabilidade diante das leis universais. Faz parte do amadurecimento do espírito conhecer como a vida funciona. Aqui ele terá uma preciosa chance de desenvolver seus potenciais, progredir. Enfrentar os desafios que o fazem evoluir. Aprender a controlar emoções, direcionando-as para o melhor, enriquecer o espírito, conquistar mais conhecimento, usar o que sabe para melhorar a si mesmo, respeitar o próximo, a sociedade, ser uma pessoa de bem. Cooperar com a vida para que ela possa cooperar com você.

Isso é o que conta de fato e não tem nada a ver com a orientação sexual. Cada espírito traz em si tanto o lado feminino como o masculino. Para evoluir, terá que experimentar as duas formas físicas.

Você está certo. Sentir amor não é pecado. O que importa é assumir o que sente, sem medo. O último senso revelou que há no Brasil 60 mil casais homossexuais assumidos e respeitados. O preconceito diminuiu. Quem assume sua verdade é respeitado mesmo por aqueles que são preconceituosos.

Você tem o direito de viver em paz e ser feliz. Não se atormente mais, assuma o que é. Para fazer isso não precisa fazer drama, exagerar. Espere um momento oportuno e converse com seus familiares, seja natural, coloque o que sente com sinceridade. A reação vai depender do grau de dramaticidade que tiverem. Não dê importância demasiada ao que disserem. Pode ser também que se surpreenda e descubra que eles já suspeitavam dessa realidade.

Liberte-se das dúvidas. Sinta-se livre, sinta orgulho de ser uma pessoa de bem, que estuda, trabalha, se esforça para conquistar um lugar melhor na sociedade e ser feliz. Pense que não há nada errado em você e que a natureza sabe o que faz.

Ao sentir amor por alguém, só precisa saber se há um certo grau de afinidade entre ambos. Avaliar as diferenças de temperamento e sentir se poderão ser contornadas. Esse cuidado é necessário para manter um bom relacionamento. Levante a cabeça, vá em frente e seja feliz!

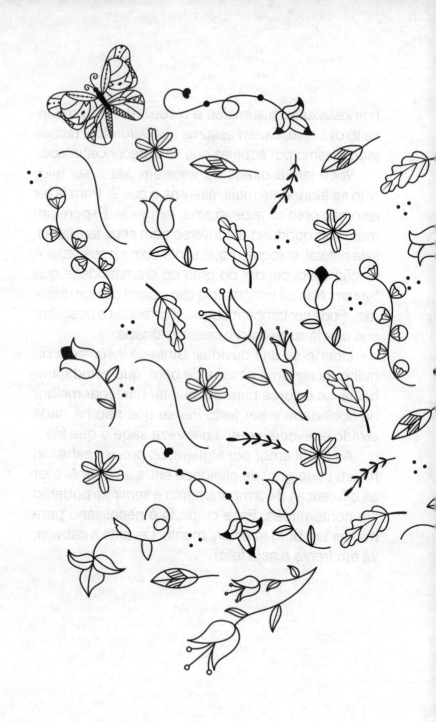

Você está certo. Sentir amor não é pecado. O que importa é assumir o que sente, sem medo.

41
A NOSSA INTUIÇÃO NÃO FALHA

Tenho 38 anos. Vivi com meu primeiro namorado oito anos, decidimos nos casar. Uma semana antes do casamento, senti que não devia me casar, falei com mamãe, estava tudo pronto, ela insistiu e eu me casei. Nossa vida virou um inferno, nos separamos duas vezes, voltamos por insistência da família. As brigas recomeçaram, ele me maltratava. A burra, a feia, a gorda era eu. Suportei tudo. Fiz faculdade, engravidei, brigas, críticas, até apanhei, jurei não o amar mais. Me formei, fiz pós, hoje sou funcionária pública, estamos separados mas moramos na mesma casa. Eu gostaria de encontrar um novo amor, me sentir amada, desejada. Por favor, me esclareça.

Você não explicou como foi o relacionamento de vocês durante os oito anos que viveram juntos antes do casamento, mas é muito provável que você já houvesse percebido as diferenças existentes entre seu temperamento e o dele.

Talvez tenha sido por esse motivo que você sentiu que não deveria se casar com ele e confessa que o fez porque sua mãe alegou que tudo estava pronto e ela não queria passar a vergonha de cancelar.

Mesmo reconhecendo o erro, você não teve coragem de se posicionar, fazer valer o que estava sentindo e teve de pagar um preço muito alto por causa disso.

Tem vontade de refazer sua vida afetiva, mas isso só será possível quando tiver a coragem de cortar definitivamente os laços que a unem ao seu marido. Seu relacionamento com ele está mal-acabado, uma vez que continuam morando na mesma casa, apesar da separação de corpos que mencionou.

Você terá de virar a página, deixar o passado ir embora e reestruturar seu emocional a fim de que possa ter condições de encontrar a pessoa com a qual tenha afinidade, que a valorize, que a entenda, compartilhe e a apoie, nos momentos alegres ou durante os desafios da vida. Esse é o amor que vale a pena viver. Essa é uma situação que você vai precisar se esforçar para conquistar, e o preço é a postura equilibrada do seu emocional.

Dá para notar que você nunca se colocou em primeiro lugar, valorizou mais a opinião dos outros do que a sua. Você reconhece que tinha uma autoimagem negativa. A vida tentou fazer com que você entendesse o quanto estava equivocada, colocando do seu lado um marido capaz de desafiá-la, esperando que reagisse. De certa forma, até que funcionou, você estudou, melhorou, tornou-se mais independente, deu um basta ao marido. Mas parou no meio do caminho.

Você ainda não está pronta para o amor. Se forçar a barra, irá frustrar-se ainda mais. O melhor é ter paciência e começar a se conhecer mais intimamente. Cuidar melhor dos seus pensamentos, ser otimista, jogar fora o negativismo.

Você apagou sua luz interior e seu carisma desapareceu. Mas ele continua dentro de você, seu espírito deseja brilhar, progredir, cultivar a alegria, ser feliz. E você pode proporcionar-lhe tudo isso. O poder está em suas mãos.

Sinta o que vai em seu coração e não se obrigue a fazer coisas que não lhe tragam bem-estar. Quando for tomar uma atitude e sentir um aperto no peito, diga não. Não tenha medo de dizer o que sente. Valorize seu sentir e será valorizada. Seja jovial, cuide da aparência, sinta o prazer de se ver elegante, bonita, cultive a alegria do seu jeito, nas pequenas coisas do dia a dia. Enriqueça seu conhecimento, procurando aprender coisas novas e produtivas. Você pode.

Ao se dar amor, pode ser até que você não pense mais em arranjar alguém, porque você se basta. Mas justamente nessa hora é que sua luz estará brilhando mais, atraindo a admiração, o respeito, o carinho de todos à sua volta. Chegando a esse ponto, pode até acontecer que um novo amor apareça e possa realizar todos os seus sonhos.

Valorize seu sentir e será valorizada. Seja jovial, cuide da aparência, sinta o prazer de se ver elegante, bonita, cultive a alegria do seu jeito, nas pequenas coisas do dia a dia.

42
MUDE A POSTURA E SUA VIDA TAMBÉM MUDARÁ

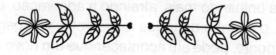

Atualmente, estou com 34 anos, vivo um momento meio conturbado no sentido de não saber o que escolher no caminho profissional, pessoal, entre todos. Tento procurar dentro de mim onde foi que eu errei, onde me perdi, para ver se me encontro. Pois as pessoas só sabem me dizer que eu nunca fui assim, sempre fui decidida. Isso me incomoda, não tenho vontade de fazer nada, nem de me divertir, não consigo concluir um curso e isso me apavora, pois me sinto amarrada, parece que tudo é lento e as coisas só acontecem para os outros. Fico no aguardo.

Em algum momento, algo aconteceu que fez você mudar seu modo de se ver e de ver a vida. Você não é essa pessoa deprimida, apagada, sem direção, que não sabe o que quer nem para onde ir. Ao contrário, você mudou e quem a conhece estranha sua forma atual de agir.

As coisas não vão bem e, em vez de analisar o motivo que ocasionou essa mudança, ficar do seu lado para ter força e encontrar a melhor solução, está se colocando contra si mesma, se agredindo, se culpando, se pondo para baixo, tentando descobrir onde foi que errou.

Mude a sua postura. Se algo não deu o resultado esperado, se sua escolha foi equivocada, procure tirar desse fato a experiência que a vida quer lhe ensinar. Você sempre quis fazer o melhor e aceite que não é errado errar.

Vá para um lugar sossegado, volte no tempo e reveja a melhor época de sua vida. As coisas boas que lhe aconteceram, as pessoas com as quais se sentia bem, os momentos de alegria que desfrutou. Sinta como era bom. Não tenha pressa. Deixe essas lembranças renovarem seu bem-estar. Depois, procure perceber quando as coisas começaram a mudar. Quais emoções de desconforto apareceram, provocadas por certos acontecimentos que a fizeram perder a confiança em si e a ter medo do futuro.

Quando acontece um fato inesperado, ele é o que é. Mas cada pessoa o interpreta conforme sua maneira de ver. Se é otimista, dá de ombros, trata de resolver como puder e segue adiante. Se for lento e não tem iniciativa, demora mais, porém, acaba encontrando uma saída. Já quem é dramático, exagera, fica se autotorturando e não vê saída. Quem é negativo não confia em si, culpa os outros e espera que eles resolvam suas dificuldades.

Qual é sua forma de interpretar os fatos em sua vida? Em qual dessas personalidades você se situa? Seja qual for sua conclusão, lembre-se de como pensava e agia nos bons tempos. Talvez tivesse uma personalidade positiva, mas tenha se deixado influenciar pelas críticas ou ideias de pessoas próximas que a criticavam por ser ousada, alegre ou mesmo decidida. Você não contou, mas, não teria à sua volta alguém que reclamava quando dizia não ou quando se recusava a fazer o que eles queriam? Sempre que você não se deixa manipular, as pessoas reclamam.

Eu gostaria de poder dizer mais, contudo, só você pode saber o que vai em seu íntimo e descobrir todo poder do seu espírito. Dentro de você tem tudo de que precisa para mudar essa situação. Mas precisa querer, acreditar que pode. Experimente fazer uma lista de todas as coisas boas que tem. Comece agradecendo o corpo que a agasalha e lhe deu oportunidade de vir estagiar na Terra, desenvolver seus potenciais, evoluir. Lembre-se de como chegou aos 34 anos, com saúde. Valorize a proximidade das pessoas que você gosta, os amigos, as coisas simples da vida. Aprecie um pôr de sol, uma manhã de luz, ouça uma música gostosa. A vida a protegeu e a protegerá sempre. Confie na vida.

Só faça o que gosta, seja verdadeira e sinta o prazer de ser como é. Então, estará centrada e pronta para atrair todas as coisas boas que deseja. Tudo acontecerá como em um passe de mágica e cada coisa irá para o devido lugar.

Dentro de você tem tudo de que precisa para mudar essa situação. Mas precisa querer, acreditar que pode. Experimente fazer uma lista de todas as coisas boas que tem.

43
O DESPERTAR DA MEDIUNIDADE

Estou com 14 anos e tenho mediunidade, minha mãe também é médium. Ela já tem mediunidade muito avançada e eu queria aperfeiçoar a minha para poder ver e ouvir as pessoas que já desencarnaram e passaram para o outro lado da vida. Também gostaria de ajudar essas pessoas que ainda não terminaram sua tarefa na Terra e ajudar minha mãe. Ela é decoradora e trabalha com pessoas de energia negativa. Tem dias que ela falta morrer agoniada, sem ar, se sentindo mal, só eu chegar perto dela. Eu queria proteger minha prima que está grávida e tem muita gente que tem raiva, principalmente a irmã dela, sempre brigadas e moram na mesma casa. Por favor, me responda!

É louvável seu desejo de ajudar pessoas e seu espírito sente essa necessidade, mas para isso, terá que preparar-se devidamente e esperar o momento certo.

Todos nós estamos rodeados por um oceano de energias negativas, não só de espíritos desencarnados, que circulam na crosta terrestre, como das pessoas encarnadas que, em sua maioria, desconhecem a força do próprio pensamento e cultivam o negativismo, deixando-se levar pelas aparências ao sabor do momento, sem nenhum controle mental.

Quando a sensibilidade abre, são os seus pensamentos, aquilo que você acredita, que vão atrair as energias que estão à sua volta. Quando você acredita na força do mal, sente medo, está dando seu poder a ele e atraindo aquilo que teme.

Você não tem como impedir que as pessoas sejam maldosas, ignorantes, cada um é como é e não há nada que possa fazer para mudá-las. Mas pode aprender a lidar com as pessoas, evitando julgá-las, não as criticando, mas selecionando suas amizades. É o que sua mãe precisa fazer em seu ambiente de trabalho.

Sempre que você critica alguém, ainda que seja intimamente, está abrindo a porta para atrair energias negativas. Você pode perceber os pontos fracos das pessoas, proteger-se delas é um direito seu. Mas quando entra na crítica, está se afinando com ela, absorvendo energias.

Você ainda não está preparado para trabalhar com a mediunidade. Ajudar os outros só é possível quando você tem conhecimento das leis que regem a vida, se preparou de forma segura, desenvolveu seu poder espiritual e já tem uma aliança firmada com seu mentor.

Não tenha pressa de realizar seus objetivos. Estude, procure um centro espírita onde se sinta apoiado, não tenha medo de enfrentar suas dúvidas e buscar provas da continuidade da vida depois da morte e da comunicação dos espíritos. Para dedicar-se ao trabalho espiritual, há que conquistar a claridade da certeza, sem o que sua fé não será forte o bastante para vencer a manifestação do mal.

Quando você busca a verdade com sinceridade, a vida responde aos seus questionamentos, fornecendo todas as provas de que precisa por meio de sinais que falam diretamente ao seu espírito. São pequenas coisas íntimas, experiências inesquecíveis que abrem as portas sagradas da eternidade e marcam para sempre sua vida.

O mais importante, para você, é aprender a equilibrar seu mundo interior, rever suas crenças porque elas são a base de suas atitudes. Suas escolhas determinam os fatos em sua vida. Você veio ao mundo para desenvolver seu espírito. Depois, quando estiver bem, poderá satisfazer seu desejo de auxiliar o próximo, de maneira inteligente, com sucesso, sem prejudicar seu equilíbrio.

A elevação do espírito traz lucidez, faz sentir a grandeza da vida, traz sabedoria e força para vencer todos os desafios do dia a dia. Mas é preciso que você queira, faça a sua parte dedicando-se com humildade aos estudos e à iluminação do seu espírito.

Esse é o caminho. Siga confiante porque o universo trabalha em favor da evolução do seu espírito.

Quando você busca a verdade com sinceridade, a vida responde aos seus questionamentos, fornecendo todas as provas de que precisa por meio de sinais que falam diretamente ao seu espírito.

44
TRAIÇÃO TEM A VER COM VIDAS PASSADAS?

Sou casada há 23 anos, tenho três filhos, a mais nova adotada. Descobri que meu marido me traía com uma funcionária e que ele já tinha tido um caso com outra funcionária antes dessa. Quase nos separamos, ele pediu para eu trabalhar com ele e jurou que, eu estando ao lado dele, isso nunca mais se repetiria. Durante oito anos julguei que ele tivesse sossegado. Grande engano. Em junho passado descobri que ele tinha um caso com uma funcionária que estava lá havia cinco anos e já fazia dois que eles estavam juntos. Mandei ele embora, 20 dias depois voltamos. Ele jurou que se arrependeu, disse que sofreu muito e aprendeu a lição, porém, eu duvido dele. Será que tudo isso pelo qual estou passando é reflexo de outras vidas que estou recebendo?

O que acontece é que seu marido não consegue dominar a atração que sente por outras mulheres. Quando alguém desperta o interesse dele, ele não resiste e se entrega ao momento sem pensar em mais nada. Muitos homens agem dessa forma, apesar de gostarem da esposa e respeitar a família. Talvez porque em nossa cultura o lado machista ainda esteja muito forte. Os pais se sentem orgulhosos quando um filho se torna um conquistador de sucesso e, desde cedo, o incentivam a relacionar-se com todas que aparecerem. E, elas, as mulheres, também incentivam o machismo ao preferir relacionar-se com homens sedutores que as outras admiram e desejam.

Será que não foi exatamente isso que a atraiu nele? Durante o namoro, o companheiro sempre revela o temperamento que tem, mas a mulher mais ingênua costuma acreditar que ele vai agir de forma diferente com ela.

Apesar de seu marido já ter provado que nunca conseguirá ser fiel a uma só mulher, você ainda tenta justificar essa atitude dele assumindo a culpa dos acontecimentos, aventando a hipótese de estar sofrendo a traição do marido como consequência de suas escolhas em vidas passadas.

Seu marido está sendo sincero, deseja ser fiel, tanto que levou você para trabalhar junto com ele, alegando que sua presença o inibiria. Ele pode ter tido boa intenção, mas sua presença lá pode até ter tornado a conquista mais saborosa ainda, pelo fato de precisar ser mais elaborada e misteriosa.

Essa é uma verdade que você precisa aceitar. Esse é o temperamento dele e não vai mudar. Mas por outro lado, é preciso analisar as qualidades dele para ter uma visão mais clara da situação, chegar às suas prioridades e saber o que é mais importante para você agora.

Se chegar à conclusão de que quer continuar vivendo com ele, saiba que terá de esquecer o assunto, fazer vista grossa, não querer mais saber o que ele está fazendo fora de suas vistas. Se conseguir fazer isso sem sofrer, pode até dar certo. Mas é preciso ter sabedoria e muita força interior para agir assim.

Seja o que for que decida, é hora de respeitar seus sentimentos se deseja sentir-se bem. Se não der para viver bem com ele, aceitá-lo do jeito que ele é, o melhor será separar-se. Você tem o direito de cuidar do seu bem-estar e dos seus filhos. Lembre-se de que viver em um lar ao lado de uma mãe infeliz e um pai que sempre é tido como errado não será bom para eles. Converse com eles de maneira simples e clara, de forma que continuem vendo no pai o orientador, o amigo, afirmando que apesar da separação dos dois, para eles nada mudou, uma vez que ambos continuam a amá-los como sempre fizeram.

Pense muito bem no que quer fazer, peça a Deus que a inspire a tomar a decisão que for melhor para todos, mas depois que decidir, não volte atrás. A vida tem muitos caminhos e está sempre lhe oferecendo opções de aprendizagem e de progresso. Compete a você escolher por onde deseja seguir.

Espero que encontre o caminho da felicidade.

Os pais se sentem orgulhosos quando um filho se torna um conquistador de sucesso e, desde cedo, o incentivam a relacionar-se com todas que aparecerem. E, elas, as mulheres, também incentivam o machismo ao preferir relacionar-se com homens sedutores que as outras admiram e desejam.

45
A VISITA
DA VERDADE

Tenho 32 anos, solteira, mãe de dois filhos, moro com meus pais. Dois dias antes de meu pai falecer, sonhei com ele batendo na porta da sala. Olhei pelo vidro da janela e vi que ele estava na varanda retirando a mochila das costas. Abri a porta e ele me abraçou forte, não disse nada, mas estava muito triste. Acredito que ele veio se despedir de mim. Será que é coisa da minha cabeça? Eu amava meu pai, nossa ligação era muito forte. Está sendo difícil aceitar que ele se foi. Ele cuidava de todos nós, principalmente dos meus filhos. Tenho chorado muito, quando poderei ter contato com ele? Me ajude.

Esse sonho foi um encontro no astral, entre seu espírito e o dele, programado com o propósito de prepará-los para a partida dele. Esse fato demonstra que estava na hora de ele seguir novos desafios em sua caminhada evolutiva.

Embora a separação seja sempre dolorosa, vocês tiveram o conforto de conhecer a espiritualidade, uma vez que liam nossos livros e trocavam ideias sobre a vida espiritual.

É muito prazeroso conviver com uma pessoa com a qual temos afinidade. O apoio e a troca de afeto ajudam a enfrentar os desafios naturais do nosso amadurecimento.

Contudo, o processo de evolução é individual e determina as mudanças necessárias para que cada um aprenda o que precisa e siga adiante.

Vocês ficaram juntos por mais de trinta anos, tiveram bons momentos, apoiaram-se mutuamente, trocaram afeto. É hora de agradecer, não de chorar. Suas lágrimas podem estar retendo o espírito de seu pai, preso às energias do mundo material, onde a angústia, a dor — sua e dele — somadas, alimentam o sofrimento, impedindo-o de usufruir das belezas do mundo espiritual.

É hora de aceitar o inevitável e reconhecer que chorar, lamentar, revoltar-se, é inútil. A vida continua e os desafios que ela traz são medidos de acordo com nossa necessidade de aprendizagem. Cada um deles só surge quando já temos conhecimento para vencê-lo. A vida não joga para perder e só aposta na vitória.

Seu espírito tem tudo de que precisa para levar adiante seu processo de crescimento, e se a vida tirou o apoio que seu pai lhe dava foi porque você já está pronta para caminhar com as próprias pernas.

Ligue-se com seu espírito, sinta sua força e assuma sua vida com coragem e alegria. Seus filhos precisam de um ambiente feliz para viver bem. Pense neles.

Estude a espiritualidade. Informe-se sobre mediunidade, vida após a morte, reencarnação. Amplie seus horizontes, conheça seu mundo interior. Há bons livros sobre o assunto, instrua-se.

Fique atenta aos pensamentos que costumam aparecer em sua cabeça. Não importa a origem que eles possam ter, as energias que atraem influenciam sua vida.

Tudo que você pensa, fala, comenta, tem energias próprias que passam a fazer parte de seu mundo. Para que você possa manter o equilíbrio, desfrutar de uma vida boa, é preciso não dar importância a coisas que você não quer e habituar-se a manter só o que lhe traga bem-estar.

É preciso insistir para poder vencer as falsas crenças aprendidas, que automaticamente influenciam nossas escolhas, limitando-as. Não se limite. Assuma o poder de seu espírito. Valorize suas qualidades, não se impaciente com suas fraquezas, procure melhorar a cada dia.

Acredite na sabedoria da vida. Tudo está certo do jeito que está. Jogue fora a tristeza. A alegria fortalece o espírito, atrai o bem, granjeia amigos, cria bons momentos, traz felicidade.

Despeça-se de seu pai e siga confiante. Vocês estão unidos pelo amor e um dia estarão juntos de novo. Por agora, o que pode fazer e cuidar de seu progresso e ficar em paz.

A vida continua e os desafios que ela traz são medidos de acordo com nossa necessidade de aprendizagem. Cada um deles só surge quando já temos conhecimento para vencê-lo.

GRANDES SUCESSOS DE
ZIBIA GASPARETTO

Com 20 milhões de títulos vendidos, a autora tem contribuído para o fortalecimento da literatura espiritualista no mercado editorial e para a popularização da espiritualidade. Conheça os sucessos da escritora.

Romances
pelo espírito Lucius

A força da vida
A verdade de cada um
A vida sabe o que faz
Ela confiou na vida
Entre o amor e a guerra
Esmeralda
Espinhos do tempo
Laços eternos
Nada é por acaso
Ninguém é de ninguém
O advogado de Deus
O amanhã a Deus pertence
O amor venceu
O encontro inesperado
O fio do destino
O poder da escolha

O matuto
O morro das ilusões
Onde está Teresa?
Pelas portas do coração
Quando a vida escolhe
Quando chega a hora
Quando é preciso voltar
Se abrindo pra vida
Sem medo de viver
Só o amor consegue
Somos todos inocentes
Tudo tem seu preço
Tudo valeu a pena
Um amor de verdade
Vencendo o passado

Crônicas

A hora é agora!

Bate-papo com o Além

Contos do dia a dia

Conversando Contigo!

Pare de sofrer

Pedaços do cotidiano

O mundo em que eu vivo

Voltas que a vida dá

Você sempre ganha!

Coletânea

Eu comigo!

Recados de Zibia Gasparetto

Reflexões diárias

Desenvolvimento pessoal

Em busca de respostas

Grandes frases

O poder da vida

Vá em frente!

Fatos e estudos

Eles continuam entre nós vol. 1
Eles continuam entre nós vol. 2

Sucessos
Editora Vida & Consciência

Agnaldo Cardoso
Lágrimas do sertão

Amadeu Ribeiro

A herança
A proposta
A visita da verdade
Cinco vidas, uma história
Depois do fim
Juntos na eternidade
Laços de amor
Mãe além da vida
O amor não tem limites

O amor nunca diz adeus
O preço da conquista
Reencontros
Segredos que a vida oculta vol.1
A beleza e seus mistérios vol.2
Amores escondidos vol. 3
Seguindo em frente vol. 4
Doce ilusão vol. 5
Bastidores de um crime vol. 6

Amarilis de Oliveira

Além da razão (pelo espírito Maria Amélia)
Do outro lado da porta (pelo espírito Elizabeth)
Nem tudo que reluz é ouro (pelo espírito Carlos Augusto dos Anjos)
Nunca é pra sempre (pelo espírito Carlos Alberto Guerreiro)

Ana Cristina Vargas
pelos espíritos Layla e José Antônio

A morte é uma farsa
Almas de aço
As aparências enganam
Código vermelho
Em busca de uma nova vida
Em tempos de liberdade
Encontrando a paz

Escravo da ilusão
Ídolos de barro
Intensa como o mar
Loucuras da alma
O bispo
O quarto crescente
Sinfonia da alma

Carlos Torres
A mão amiga
Passageiros da eternidade
Querido Joseph (pelos espírito Jon)
Uma razão para viver

Cristina Cimminiello
A voz do coração (pelo espírito Lauro)
Além da espera (pelo espírito Lauro)
As joias de Rovena (pelo espírito Amira)
O segredo do anjo de pedra (pelo espírito Amadeu)
A lenda dos ipês (pelo espírito Amira)

Eduardo França
A escolha
A força do perdão
Do fundo do coração
Enfim, a felicidade
Um canto de liberdade
Vestindo a verdade
Vidas entrelaçadas

Floriano Serra
A grande mudança
A outra face
Amar é para sempre
A menina do lago
Almas gêmeas
Marcado pelo passado
Ninguém tira o que é seu
Nunca é tarde
O mistério do reencontro
Quando menos se espera...

Gilvanize Balbino
De volta pra vida (pelo espírito Saul)
Horizonte das cotovias (pelo espírito Ferdinando)
O homem que viveu demais (pelo espírito Pedro)
O símbolo da vida (pelos espíritos Ferdinando e Bernard)
Salmos de redenção (pelo espírito Ferdinando)

Jeaney Calabria
Uma nova chance (pelo espírito Benedito)

Juliano Fagundes
Nos bastidores da alma (pelo espírito Célia)
O símbolo da felicidade (pelo espírito Aires)

Lucimara Gallicia
pelo espírito Moacyr
Ao encontro do destino

Márcio Fiorillo
pelo espírito Madalena
Lições do coração
Nas esquinas da vida

Maurício de Castro
A outra (pelos espíritos Hermes e Saulo)
Caminhos cruzados (pelo espírito Hermes)
O jogo da vida (pelo espírito Saulo)
Sangue do meu sangue (pelo espírito Hermes)

Meire Campezzi Marques

A felicidade é uma escolha (pelo espírito Thomas)
Cada um é o que é (pelo espírito Thomas)
Impossível esquecer (pelo espírito Ellen)
Na vida ninguém perde (pelo espírito Thomas)
Os desafios de uma suicida (pelo espírito Ellen)
Uma promessa além da vida (pelo espírito Thomas)

Rose Elizabeth Mello

Como esquecer
Desafiando o destino
Livres para recomeçar
Os amores de uma vida
Verdadeiros Laços

Sâmada Hesse
pelo espírito Margot

Revelando o passado
Katie: a revelação

Thiago Trindade
pelo espírito Joaquim

As portas do tempo
Com os olhos da alma
Confronto final
Maria do Rosário
Samsara: a saga de Mahara

Conheça mais sobre espiritualidade com outros sucessos.

vidaeconsciencia.com.br   /vidaeconsciencia   @vidaeconsciencia

EM BUSCA DE RESPOSTAS

Histórias reais que vão te emocionar!

Decidi dividir minhas experiências com você, porque é a hora da mudança. Chegou o momento de levantar o véu que cobre as verdades eternas do espírito.

Desde o início da civilização, os espíritos de luz trazem aos homens as provas da eternidade. Sabendo disso, comecei esta pesquisa sobre o trabalho que eles têm realizado desde o princípio dos tempos, interferindo nos problemas humanos.

Durante minha vida, ouvi várias histórias por esse Brasil afora e resolvi reuni-las em um livro sobre o assunto, baseando-me nelas para relatar minhas conclusões.

Estou feliz por realizar este trabalho, porque sei que sempre estamos em busca de respostas que nos tragam esclarecimento, luz e paz.

Zibia Gasparetto

www.vidaeconsciencia.com.br

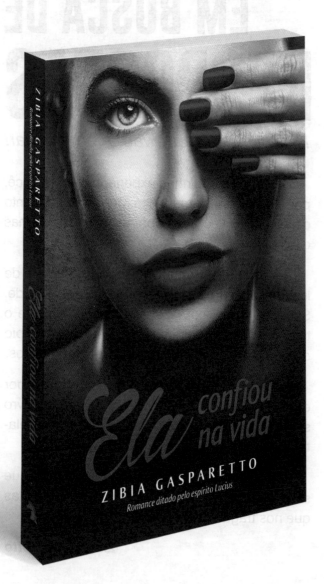

Ela confiou na vida

É mais difícil nascer do que morrer. Morrer é voltar para casa, rever parentes e amigos. Nascer é ter de esquecer tudo, enfrentar as energias do mundo, encarar problemas mal resolvidos do passado, desenvolver dons e aprender as leis da vida!

Embora tivesse se preparado para nascer, Milena sentiu medo, quis desistir, mas era a sua hora, e seus amigos espirituais a mergulharam em um pequeno corpo preparado para ela.

No entanto, o futuro revelou toda a beleza de seu espírito e a força de sua luz. É que, apesar do medo, ELA CONFIOU NA VIDA!

ZIBIA GASPARETTO

www.vidaeconsciencia.com.br

ZIBIA GASPARETTO
Eu comigo!

"Toda forma de arte é expressão da alma."

Zibia Gasparetto convida você a mergulhar no seu mundo interior. Deixe os problemas de lado, esqueça o negativismo e libere o estresse do dia a dia. Passeie por entre as figuras, inspire-se com cada mensagem e coloque cor em seu mundo. Use suas tonalidades preferidas, libere o potencial criativo que existe dentro de você.

Eu comigo! é um livro para quem quer fugir da rotina e buscar aquela sensação de paz que a arte pode proporcionar. Inspire sua alma com as frases de Zibia Gasparetto criadas especialmente para você e ricamente ilustradas com desenhos encantadores.

Bem-vindo ao seu mundo interior.

www.vidaeconsciencia.com.br

Rua das Oiticicas, 75 — SP
55 11 2613-4777

contato@vidaeconsciencia.com.br
www.vidaeconsciencia.com.br